Ayotzinapa

Horas eternas

NOFICCIÓN

Ayotzinapa
Horas eternas

· ·

PAULA MÓNACO FELIPE

Prólogo de ELENA PONIATOWSKA AMOR

MÉXICO, 2015

BARCELONA · BOGOTÁ · BUENOS AIRES · CARACAS
MADRID · MIAMI · MONTEVIDEO · SANTIAGO DE CHILE

Ayotzinapa, horas eternas
Diciembre de 2015

D. R. © 2015, Paula MÓNACO FELIPE

D. R. © 2015, Elena PONIATOWSKA AMOR,
    por «Paula Mónaco una niña mitad cocodrilo»

D. R. © 2015, Ana Valentina LÓPEZ DE CEA y Paula MÓNACO FELIPE,
    por «Vidas»

D. R. © 2015, EDICIONES B México, por las fotografías;
    fotografías de Miguel TOVAR y Paula MÓNACO FELIPE

D. R. © 2015, EDICIONES B México, por las ilustraciones;
    ilustraciones de cubierta de Alejandra GUERRERO ESPERÓN

D. R. © 2015, EDICIONES B México, S. A. de C. V.
    Bradley 52, Anzures DF-11590, México

ISBN: 978-607-480-953-4

Impreso en México | *Printed in Mexico*

A Camilo y Miguel Tovar
A H.I.J.O.S.

Mamá, ¿cuándo vamos a encontrar a tus papás?

Camilo, de cuatro años, sobre sus
abuelos desaparecidos hace 37

PAULA MÓNACO,
UNA NIÑA MITAD COCODRILO

ERA PREVISIBLE QUE PAULA MÓNACO SE APASIONARA POR el caso de Ayotzinapa y sus 43 normalistas desaparecidos que ahora todos queremos encontrar. Era previsible porque a lo largo de 37 años ella nunca dejó de pensar en sus padres, ya que la Junta Militar argentina se los llevó cuando sólo tenía 25 días de nacida.

Era previsible el fervoroso interés de Paula en el caso no sólo de su desaparición el 26 de septiembre de 2014 sino el asesinato de tres de sus compañeros, porque tiene que ver con su propia historia.

En Ayotzinapa tomó entre sus brazos a la recién nacida Melanny, hija del normalista Israel Caballero Sánchez y de Rocío Locena, ambos de veinte años, y ese solo gesto la devolvió a su propia historia.

A Paula la criaron sus abuelos en medio de una familia numerosa. Sus tías Liliana Felipe y Jesusa Rodríguez, según cuenta esta última, cuando vacacionaban en Villa María, en Córdoba, paseaban en las playas de arena fina en el Río

Tercero y fingían ser cocodrilos dentro del agua que les llegaba al tobillo. La niña lo disfrutaba —su alegría siempre ha sido sonora— y luego se perdía entre una ronda de chiquillos de la misma edad que reían felices y tomaban la vida a manos llenas como si fuera una gran fiesta. Para Jesusa, Paula es, todavía hoy, una niña mitad cocodrilo.

Era previsible que Paula Mónaco se indignara con la desaparición de los 43 normalistas —algunos casi de su edad— y abrazara a los padres de familia de los *ayotzis* como a ella la abrazaron sus abuelos Esther y Gregorio, que tomaron el lugar de sus padres.

Era previsible que Paula buscara a los estudiantes vivos, examinara sus fotos, y volviera a hacerlo sentada al lado de los padres y los hermanos en Ayotzinapa y preguntara una y otra vez si José Ángel era alto o tenía buen carácter y si Leonel recordaba con gusto la Costa Chica. Era previsible que quisiera pasar el Año Nuevo con ellos, llevándoles de comer y repartiéndoles platos de guisado y arroz con una generosidad y una determinación muy poco comunes. «Tiene que comer, no se deje ir, vamos a encontrarlos». Paula, en Argentina, militó en H.I.J.O.S., y desde muy joven ayudó a los familiares a sobrevivir al dolor.

Era previsible porque apenas tuvo uso de razón, a la hora en que los adolescentes se encierran sobre sí mismos y se preocupan por el largo de su cabello o por su acné, Paula encontró a otros jóvenes iguales a ella y se integró a H.I.J.O.S., una asociación de todas las víctimas que se propusieron quitarle el sueño a la Junta Militar argentina y a sus colaboradores, parapetados tras los muros de sus casas en

Buenos Aires, Mendoza, Córdoba, Santa Fe, Salta y otras grandes ciudades de Argentina.

En cambio, en México los asesinos siguen libres, y a escasos días de que se cumpla un año de la desaparición de los normalistas, los peritos revelan para nuestro escándalo que las «verdades históricas» no son lo que nos quieren hacer creer. La Comisión Interamericana de Derechos Humanos determinó que los normalistas no fueron quemados en el basurero de Cocula. Resulta imposible que se redujeran a cenizas en trece o quince horas de cremación: se habría producido un incendio imposible de no ver. A esto hay que sumarle la larga lista de errores, omisiones y ocultamiento de evidencias de procuradurías y policías involucradas en la investigación.

Entre todos, los hijos inventaron el *escrache,* palabra que viene del lunfardo, el habla popular de los barrios rioplatenses. En Argentina, Uruguay y en España, muchos activistas escogieron el escrache para marcar la casa del militar o del funcionario y responsabilizarlo ante la opinión pública. Desde 1995, H.I.J.O.S. decidió actuar a la vista de todos y marcar con pintura roja el domicilio de quienes habían cometido acciones en contra de hombres y mujeres pensantes, como la joven y bella Esther Felipe y su esposo Luis Mónaco, que el régimen decidió desaparecer, torturar y matar. Así como los militares ejercieron una acción directa y persiguieron y asesinaron a argentinos por sus ideas políticas, así también los hijos se abocaron a exhibir a los militares ante la opinión pública. «Asesino a dos cuadras», ponían sobre el nombre de la calle.

Paula resultó una pieza clave en el grupo de H.I.J.O.S. porque, como lo cuenta Jesusa, «ya a los cuatro años sabía todo de la desaparición de sus padres y manejaba el archivo mejor que nadie. Cuando el abuelo Gregorio le pedía, por ejemplo, un *habeas corpus*, sin vacilar un segundo lo encontraba, ante el asombro de todos».

Bajo el lema de «Si no hay justicia, hay escrache», H.I.J.O.S. se preparó durante meses para denunciar al torturador en el barrio, seguirlo, conocer su rutina y por fin acusarlo y exponerlo ante la comunidad. Antes del escrache una banda callejera repartía volantes y folletos que advertían que un sujeto indeseable contaminaba el entorno, ya que entre ellos vivía un torturador criminal. Lo denunciaban en las casas, en las tienditas cercanas, en los parques públicos. Muchas veces, gracias al escrache el torturador se iba del barrio.

Hasta el día de hoy esta organización horizontal sigue en pie y en gran medida son ellos, los hijos de los desaparecidos y los asesinados, quienes han logrado que se enjuicie a los torturadores. Gracias a H.I.J.O.S., los verdugos hoy purgan sentencias a perpetuidad en cárceles para delincuentes comunes.

Que Paula Mónaco decidiera formar su propia familia el día que el responsable de la muerte de sus padres fuera condenado a prisión perpetua resulta significativo.

En la ciudad de México, doña Rosario Ibarra de Piedra, los H.I.J.O.S. y Jesusa Rodríguez adoptaron el escrache y marcaron la puerta de madera de la casa en San Jerónimo Lídice del ex presidente Luis Echeverría Álvarez, a quien

Raúl Álvarez Garín y Félix Hernández Gamundi lograron sentar en el banquillo de los acusados por la masacre del 2 de octubre de 1968.

¿Qué tienen en común Córdoba, Argentina, y Ayotzinapa, Guerrero? Paula, periodista y luchadora contra la desaparición forzada en nuestro país, se inclinó muy pronto hacia la crónica de tragedias como el tifón en Filipinas y el encarcelamiento del profesor Patishtán en Chiapas. ¿Qué tienen que ver los normalistas desaparecidos y heridos en Iguala, hijos de campesinos, migrantes, albañiles, vendedores ambulantes, con jóvenes argentinos víctimas de la dictadura militar? ¿Qué sueños comparten? ¿Qué fotografías de infancia? De Paula Mónaco se podría decir que tiene muchos amigos, que le gusta el teatro, que disfruta ir al cine, tomar mate, bailar, que adora a los perros, le encanta manejar su coche, ríe a carcajadas, come milanesas, empanadas y alfajores, y es súper amorosa. Al joven normalista Abel García Hernández le gustaba jugar a las canicas tanto como Abelardo Vázquez Peniten disfrutó estudiar, hacer la mezcla, acomodar los ladrillos y preparar los castillos de una construcción al lado de su papá albañil. Adán Abraján de la Cruz es, al igual que Paula, buen bailador, y Alexander Mora Venancio tenía pasión por el futbol. Antonio Santana Maestro gritaba apasionado al ver partidos por televisión y Benjamín Ascencio Bautista hacía reír a todos con sus ocurrencias. Bernardo Flores Alcaraz recogía a animales heridos y se las ingeniaba para curarlos, tal como hace Paula en Coyoacán, donde habita feliz. Carlos Iván Ramírez Villareal trabajaba en el campo arreando vacas mientras Carlos Lorenzo Hernández Muñoz, portero de un equipo de futbol, disfrutaba bailar los sábados y César Manuel González Hernández regresaba a casa sin chamarra porque la regalaba y a todos trataba de «usted». Christian Alfonso Rodríguez Telumbre zapateaba canciones tradicionales como «El zopilotito» o «La iguana» y Christian Tomás Colón Garnica, muy aplicado para el estudio, se tapaba los oídos para seguir concentrándose en su lectura. Paula canta los tangos de Julio Sosa y la «Lunita tucumana» al igual que el «Nos tienen miedo porque no tenemos miedo» y «Elotitos tiernos» de su tía Liliana Felipe. Cutberto Ortiz Ramos hacía reír a todos y Doriam González Parral se la vivía con un lápiz en la mano. Jorge Luis González Parral, peluquero, un día les cortó el cabello a todos y Everardo Rodríguez Bello a los diez años estudió música. Paula Mónaco también sabe mucho de música y ha organizado con maestría los conciertos de su tía Liliana Felipe, la hermana de su madre Esther, en varias ciudades de Argentina. Podríamos seguir así *ad infinitum,* pero ahora sólo nos queda presentar este libro de una chava que sabe cuidar a los demás, jugársela con los que menos tienen, indignarse por la injusticia y tener dentro del pecho algo que a todos nos beneficia: un gran corazón.

ELENA PONIATOWSKA AMOR

CACERÍA

· ˙ · ˙ · ˙ · ˙ · ˙ · ˙ · ˙ · ˙ · ˙ · ˙ · ˙ · ˙ · ˙ · ˙ ·

HOY LOS *PELONES* TUVIERON SU PRIMERA CLASE FORmal, Aritmética. Por fin entraron al aula: ya no son aspirantes sino alumnos de Licenciatura en Educación Primaria, en castellano y bilingüe.

Felices porque superaron el rudo ingreso, más de 300 jóvenes se inscribieron, pero sólo hay cupo para 140. Pasaron examen socioeconómico, pruebas académicas y la inolvidable «semana de adaptación», con exigentes pruebas físicas, una sola comida al día y gritos que espantaban. «¡Arriba, paisas! ¡A correr!», los sacaban de sus cuartos a las 3 de la mañana con golpes en la puerta. «Esto sí que es difícil, mamá. Ahora valoro todo lo que ustedes me daban en casa. Los extraño», decían cuando alcanzaban a llamar a sus padres. Muchos dudaban si podrían seguir adelante.

Pero eso ya quedó atrás y la prueba es su cabeza rapada, ritual que marca a los novatos de la emblemática escuela de Ayotzinapa, famosa por ser de izquierda y crítica con los gobiernos. Se sienten orgullosos, triunfales, afortunados. Van a ser maestros, mientras que muy pocos en sus familias de campesinos, migrantes y albañiles han tenido acceso a una carrera profesional.

Varios cambiaron de mentalidad después de recibir cursos que llaman de *inducción política*. Los muchachos que ahora estudian en este internado para hombres crecieron en el campo, trabajaron junto a sus padres desde que eran niños, no tuvieron comodidades y ahora piensan lo que nunca antes: «¿Por qué el gobierno oprime a los campesinos? ¡Los muertos siempre son pobres, la sangre siempre corre de este lado! Vamos a ser maestros para sembrar conciencia». Leen textos, discuten y reflexionan.

Dan rienda suelta a sus sueños, los dejan crecer adentro, mientras hacen nuevos amigos y estrenan uniformes relucientes, porque en la normal les dan pants, chamarra, camiseta y tenis para Educación Física, además de otra muda más formal con pantalón de vestir, camisa y zapatos. Tienen tres comidas aseguradas al día, una beca de 45 pesos diarios y un espacio propio para dormir en cuartos compartidos, aunque sea en el piso y sin colchón... la vida austera de un internado de educación pública donde las paredes se descascaran.

Son más de las 4 de la tarde. Se divierten mientras trabajan en los *módulos de producción*, las parcelas para siembra dentro de la escuela. Cantan, escuchan música y se avientan trozos de tierra mientras arrancan pajón de la milpa, siembran maíz y cuidan las flores de cempasúchil y cresta de gallo, un campo deslumbrante de tan amarillo y morado.

«¡Actividad! ¡Actividad! ¡Paisas, hay que salir!» Quienes dan la instrucción son integrantes del comité estudiantil, elegidos por sus compañeros para tomar decisiones que van desde acciones políticas a tareas de limpieza.

Esta vez, *actividad* significa tomar autobuses de empresas privadas para usarlos temporalmente. A pesar de los riesgos, lo hacen con frecuencia desde hace varios años porque sólo así pueden transportarse a prácticas y protestas, ya que la Normal Rural Raúl Isidro Burgos, de 560 alumnos, sólo cuenta con un camión de cuarenta asientos que carece de placas y por tanto no puede circular.

También los estudiantes de las demás normales rurales de México retienen autobuses: es su manera de resolver la movilidad. Hay peligro, pero los estudiantes no tienen armas: interceptan a los choferes y los convencen de seguir la ruta con ellos después de dejar a los pasajeros en su destino. La decisión no reside en los conductores: forma parte de una dinámica que se ha naturalizado desde hace algunos años porque hay una especie de acuerdo tácito entre normalistas y empresas de transporte. Los estudiantes usan los vehículos por algunas semanas, los cuidan, proveen la gasolina y pagan un sueldo extra a los trabajadores, a quienes también dan comida y alojamiento.

Aunque gobierno y prensa muestran la toma de camiones como un acto vandálico, lo cierto es que los normalistas dialogan a menudo con los responsables de las empresas Costa Line, Estrella de Oro y otras. Existe una paradójica pero ya normalizada relación.[1]

«¡Actividad! ¡Actividad», se avisan. Nadie se espanta; corren eufóricos a cambiarse de ropa, a ponerse una playera limpia y jeans.

Se reúnen al pie del camión dispuesto para el viaje. Suben casi ochenta estudiantes de primer año pero los mayores los bajan porque no caben en los asientos. La salida se

---

1   Después de lo ocurrido en Iguala la noche del 26 y madrugada del 27 de septiembre de 2014, los estudiantes de Ayotzinapa alcanzaron un nuevo acuerdo con las compañías. Para reducir riesgos, decidieron que ya no habrá toma de autobuses en carreteras sino entregas pactadas de unidades cuando ambas partes lo requieran.

demora en lo que alistan otro camión y Cochiloco, uno de los alumnos del comité, recorre la escuela buscando a más estudiantes porque necesitan tomar varios camiones.

En la semana anterior reunieron ocho vehículos; aún les faltan 17 de los 25 solicitados por la Federación de Estudiantes Campesinos Socialistas de México, de la cual son parte. Los necesitan para transportar a todas las normales rurales del país a la marcha que cada 2 de octubre se lleva a cabo en la ciudad de México en recuerdo de los estudiantes asesinados en 1968 en la masacre de Tlatelolco.

—¡Ándale! ¡Acompáñame, que casi no hay nadie en la base, hay pocos chavos! —Cochiloco insiste hasta convencer a *Uriel*.[2] Busca a los mayores porque varios de primer año no pueden viajar: ensayan en los clubes culturales de danza, rondalla y banda de guerra.

—¡Préstame a algunos activistas! —llama a *Omar*, encargado del comité de orientación política.

—Pregúntales si quieren ir —responde *Omar*, y después se suman los veinte de la llamada casa del activista, la pequeña construcción en donde duermen los estudiantes más interesados en recibir formación política.

Coyuco es el primero en terminar las tareas de la banda de guerra. Aplicado, rápido, limpia su tambor, y por eso alcanza a su primo Daniel para sumarse a la actividad.

Por fin están listos los dos autobuses de la línea Estrella de Oro. Suben cerca de cien muchachos: cinco estudiantes de segundo año, dos de tercero y el resto de primero. Son las 5 y media de la tarde, con el sol todavía alto; salen de la normal rural en los autobuses con los números 1531 y 1568.

Arriba de los camiones todo es relajo. Algunos bromean

---

2   En cursivas, los nombres falsos con que algunos sobrevivientes protegen su identidad.

con el radio de los choferes. Otros escuchan música en sus teléfonos celulares y de cada fila sale un sonido distinto, porque cada quien pone al máximo el volumen para oír su corrido favorito.

Uriel está serio.

¡Oye! —le reclama un chofer—, ¿por qué tienes esa cara?

Es bromista, pero hoy no está de buen humor. No le entusiasma sumarse a la toma de autobuses porque le parece que son demasiados los que les toca conseguir. Aceptó el pedido de Cochiloco porque es un muchacho participativo, entrón.

—¿Adónde vamos, güey? —pregunta a otro compañero.

—A Huitzuco —responde.

Los integrantes del comité estudiantil buscan disminuir riesgos de represión. Quieren alejarse de Chilpancingo, capital del estado, porque han tenido varios problemas en días recientes. Allí les quitaron dos camiones y ahora la zona está *blindada,* con muchos policías federales y militares que también buscan controlar las protestas de otros estudiantes, los del Frente Único de Normales Públicas del Estado de Guerrero. No pueden enfilar hacia la costa porque días atrás tuvieron un incidente en Copala; entonces eligen Huitzuco porque ya conocen ese lugar, generalmente tranquilo.

Septiembre es un mes difícil para los normalistas. El gobierno del estado de Guerrero aumenta su asedio contra la nueva camada de alumnos que ingresa en esta época. Los estudiantes no lo saben, pero el sistema de vigilancia C-4, comando que distribuye información entre todas las fuerzas policiales del país e incluso a la Secretaría de Gobernación, comenzó a monitorear sus acciones desde las

17:59:13, es decir, apenas media hora después de que salieran de la escuela.[3]

—Está bien lento este pinche camino —se quejan.

La carretera que une a Tixtla con Iguala es angosta y varios tramos están en reparación. Tardan más de dos horas en atravesar 140 kilómetros entre sierras. Para cuando llegan al cruce conocido como *Parada del Cura* ya son las ocho. Descienden para tomar autobuses pero los novatos fallan.

—¡Paisas, ya se les pasó el primero! ¿Así cuándo van a completar? ¡Abusados! —regañan los mayores, y mientras hablan pasa demasiado rápido un segundo camión.

Por fin logran detener al tercero, un bus de la línea Costa Line. El chofer se niega a abrir la puerta y les reclama:

—¡Se la pasan haciendo puro desmadre!

Cede a la presión y suben cinco normalistas.

—No se preocupen, los vamos a dejar adonde iban —dice *Uriel* para calmar a los pasajeros.

Los ánimos se tranquilizan cuando un pasajero informa:

—Yo los conozco.

El camión arranca hacia Iguala. Lleva a cinco normalistas: *Uriel* y cuatro de primer año, uno de ellos Jorge Aníbal Cruz Mendoza, *el Chivo*. Los demás se desaniman en la carretera. «Aquí está cabrón, pasan pocos y no paran».

Comienza a oscurecer; con un solo un camión tomado, deciden dividirse y un grupo arranca hacia la caseta de Iguala, donde una semana antes estuvieron pidiendo donativos de dinero —*boteando*— y todo transcurrió en calma.

3   Informe final del Grupo Interdisciplinario de Expertos Independientes (GIEI) de la Comisión Interamericana de Derechos Humanos (CIDH), 6 de septiembre de 2015.

Después de 30 kilómetros de camino, llegan al peaje. Bajan todos y ven pasar a un muchacho que vuelve a cruzar dos veces más.

—Cochiloco, ¿ya viste a ése? —alerta *Carlos*—; ya pasó muchas veces. Pongamos cuidado —dice preocupado. Son campesinos pero conocen lo que es el narcotráfico, un negocio de larga historia en su estado. Saben que el primer eslabón de la cadena son los *halcones,* personas que se dedican a mirar lo que ocurre para informar luego al narco que domina la zona.

Enseguida llegan dos patrullas de la Policía Federal.

—¡Apenas vamos llegando y ya nos tienen checados! —se sorprenden, aún sin saber que también hay personal de inteligencia del Ejército, con ropa de civil, siguiendo sus movimientos en ese lugar.[4] Los federales los observan sin disimulo y se instalan al otro lado de las casetas de cobro. Desde allá siguen mirándolos y detienen a cuanto autobús comercial arriba. Bajan a sus pasajeros y mandan al vehículo de regreso: así evitan que los normalistas lo tomen.

Son las 8 y media de la noche. Dentro del camión Costa Line, rumbo a la terminal, el chofer va enojado.

—¿Por qué hacen esto? Yo no voy con ustedes. Es más, no tengo líquido y el camión no va a funcionar.

—Entonces nos trae de regreso —responde *Uriel*.

—No voy a poder, tengo que entregar un paquete que me mandaron.

Los normalistas lo dejan hablar, y cuando llegan a la terminal le piden que se detenga afuera.

—Ahorita, ahorita —responde el chofer, pero no frena, y rompe el pacto tácito habitual de llevar a los pasajeros a su

4   *Ibid.*

destino y, sin entrar a las centrales camioneras, seguir con el vehículo hacia Ayotzinapa.

Sorprendidos, los normalistas tardan en reaccionar. Descienden los pasajeros y detrás de ellos, apresurado, va el chofer, quien cierra la puerta y encierra a los estudiantes.

—¿Qué hacemos? —se preguntan—. ¡Nomás somos cinco! ¡Mierda!

Llaman a su compañero Fresco y él avisa a los demás.

—¡Súbanse! ¡Apúrenle! ¡A los compas los retuvieron en la terminal! —ordenan algunos en la caseta, y en la carretera alguien dice:

—¡Vamos por ellos! ¡Recojan piedras, paisas! ¡Recojan piedras y jálense!

Los camiones arrancan a toda prisa desde los dos lugares hacia la terminal de Iguala y llegan al mismo tiempo. Estacionan en la calle y los estudiantes entran a pie. Son más de noventa muchachos, piedras en mano.

Al verlos, el chofer corre a liberar a los normalistas, que llevan entre quince minutos y media hora encerrados dentro del Costa Line. También se movilizan los guardias privados de la empresa Jobamex, quienes antes fingían ignorarlos.

—¡No se puede prender la unidad! ¿Quién movió aquí? —dice el chofer.

—Nosotros no movimos nada —responden los estudiantes, más enojados.

—¡Ya no arranca! —insiste el chofer cuando los demás muchachos se reúnen.

—¿Cuál fue? —preguntan algunos. Los cinco que estuvieron atrapados señalan al Costa Line y la orden es—: Apedréenlo.

Las piedras llueven certeras sobre el camión, pero también rompen los vidrios de otros dos estacionados junto.

Los guardias llaman por radio y los estudiantes saben que cuentan con poco tiempo antes de que llegue la policía.

—¡Tomen camiones y vámonos!

De la terminal se llevan un autobús de la empresa Estrella Roja y dos de Costa Line, que se suman a los dos Estrella de Oro que esperaban fuera, en los que viajaron desde Ayotzinapa.

Apresurados, arrancan sin registrar cómo se dividieron los grupos. Ignoran quién va en cada vehículo.

EL AUTOBÚS ESTRELLA ROJA, MODELO ECOTER, ARRANCA
primero y sale de la terminal por la puerta trasera. Adentro van catorce normalistas: trece *pelones* de primer año y
Fresco, integrante del comité estudiantil de orden y disciplina.

El chofer está tranquilo: conoce Iguala. Enfila al Periférico Sur. Pide permiso para esperar «a una muchacha que
viene por unos papeles, son cinco minutos». Los estudiantes acceden, estaciona el vehículo y aguardan.

En la terminal los demás normalistas apuran la salida.
Uno de los Estrella de Oro en que llegaron arranca solo.
Poco después sale el resto en caravana: dos Costa Line que
acaban de tomar y el otro Estrella de Oro que traían desde
Ayotzinapa.

Los conductores están nerviosos y un estudiante, Chano,
toma el volante de un vehículo. Lo saca de la terminal en
reversa y luego pasa el mando al chofer. Avanzan lento por
las estrechas calles del centro.

—¡Que le pise o nos van a venir a agarrar! ¡Que le pise!
—grita nervioso Coyuco dentro del primer Costa Line, que
ha avanzado unas pocas cuadras.

—¡No sé por dónde, no conozco Iguala! —responde el chofer, y en eso un pequeño grupo de policías municipales los detiene al grito de «¡Bájense!». Les apuntan. El chofer levanta las manos y los estudiantes descienden del tercer camión, con el Güero por delante.

—A ver, ¡dispárame si tienes valor! ¡Ándale, pues! ¡Dispárame si me vas a dar! —grita el Güero mientras camina hacia un policía. Se avienta encima de él, intenta quitarle el arma y forcejean. Ruedan y se escapan varios tiros de la pistola del policía.

—¡No hagas eso! —lo regañan sus compañeros.

—¡Vámonos! ¡Vámonos! —ordena el policía al mando, de unos cincuenta años de edad, chaparro, gordo y barbón.

Los municipales retroceden y los normalistas regresan a los camiones, que avanzan lento porque las calles son estrechas y los carros estacionados y árboles de grandes ramas reducen más el espacio.

—¡Apure, chofe, apure! —insisten cuando pasan frente al zócalo.

Hay mucha gente. Se oye música. Los estudiantes piensan que es una fiesta; ignoran que está por terminar el evento que siguió al informe de gestión de María de los Ángeles Pineda, esposa del alcalde de Iguala, José Luis Abarca. La mujer, como muchas esposas de políticos mexicanos, encabeza la sede local del Sistema para el Desarrollo Integral para la Familia, institución pública de beneficencia. Pero además tiene aspiraciones de ser la nueva alcaldesa de la ciudad y un poder que trasciende sus oficinas: varios integrantes de su familia en las altas esferas del cártel de los Beltrán Leyva y su nombre actual, Guerreros Unidos.

El informe había empezado tres horas antes y Pineda terminó su discurso casi dos horas atrás, según expertos de la Comisión Interamericana de Derechos Humanos (CIDH). Los estudiantes no saben nada al respecto; sólo ven que la fiesta musical acaba de mala manera: las personas corren, los negocios cierran aprisa, marchantes y vendedores ambulantes levantan sus puestos a toda velocidad. No conocen detalles y piensan: «Ha de ser por los balazos que se escucharon recién».

Algunos normalistas de segundo y tercer año —menos de diez muchachos— caminan al lado de los camiones. Los policías municipales los rodean nuevamente y atraviesan una patrulla frente a la caravana para bloquear el paso. Comienzan a disparar al aire.

Los balazos atemorizan a los jóvenes y sólo reaccionan los experimentados, conscientes de que una respuesta inmediata puede poner fin al bloqueo para seguir la marcha.

—¡Hay que bajar a defendernos, paisas! —gritan—. ¡Bajen, paisas! ¡No tengan miedo!

Las balas al aire no los intimidan. Están acostumbrados a enfrentar a la policía del estado de Guerrero, que frecuentemente reprime sus manifestaciones y los amedrenta con retenes en carreteras. Los normalistas tienen un rechazo ya visceral ante la policía. Sus músculos se tensan con sólo ver los uniformes; les recuerdan que ellos asesinaron a tres compañeros suyos: Juan Manuel Huikan Huikan en 1988, Jorge Alexis Herrera Pino y Gabriel Echeverría de Jesús en diciembre de 2011, hace menos de tres años.

—¡Bajen, paisas! ¡Bajen!

Aterrorizado, *José Armando* sigue la instrucción y junto a él descienden treinta muchachos. Lanzan algo, piedra o lo que encuentren, y suben al camión más cercano sin importar cuál sea. Los del primero ya van en el segundo, los del tercero en el primero… Confundidos, muchos pierden el rastro de sus amigos.

Por teléfono alertan a Fresco, responsable del camión Estrella Roja que salió primero y está estacionado a pedido del chofer.

—Nos están corriendo a balazos; apenas vamos saliendo de la terminal —le dicen, y el normalista ordena que arranque el motor para salir de Iguala. Ya no esperarán a la muchacha que iría por los papeles.

—¡Vámonos a Chilpancingo!

En el centro las pedradas rompen los vidrios de varias patrullas. Cesan los disparos y los municipales sacan el vehículo atravesado. Los estudiantes llaman nuevamente al Fresco para avisarle:

—Ya estamos en camino, nomás estamos quitando unas patrullas de enfrente.

Entonces su compañero accede al pedido del chofer, que insiste en seguir esperando a la muchacha, a la que ya llevaban cerca de diez minutos aguardando. Otra vez esperan, pasan unos cinco minutos más, hasta que por fin llega ella en motocicleta: intercambia algo con el chofer y el camión se encamina por el Periférico Sur.

La caravana del centro avanza con mucha lentitud.

—¡Acelere chofer, acelere! —ordenan. Ya no hay balazos; sólo se oyen muchas sirenas. Quieren salir de Iguala pero no saben por dónde. Preguntan a un transeúnte y les indica:

—Sigan derecho; a unos 200 metros está el Periférico Norte. Agarren a la derecha para Chilpancingo.

Por fin avanzan y recuperan su alegría.

—Ya se dieron cuenta de que no les vamos a entregar los camiones —dice un normalista.

Carlos no se siente tranquilo; le preocupa ver patrullas en cada esquina. No los detienen, los dejan pasar, pero los obligan a seguir de frente, encaminándolos hacia un lugar específico.

—¡Ahí está, ése es el Periférico!

Están a punto de tomarlo cuando otra patrulla de la Policía Municipal aparece. Es una camioneta Ford Ranger que conduce una mujer pelirroja. La abandona a media calle, cortando el paso de los camiones.

—¡Vamos a quitarla! ¡Bajen, paisas!

El Güero, Acapulco, *Uriel, Carlos,* Garra, *Ernesto, Daniel, José Armando* y algunos más descienden del primer y segundo camión. El Güero intenta darle marcha pero la mujer se llevó las llaves. La pone en neutral, todos empujan, y en eso les cae una lluvia de tiros.

Desde el camión, sus compañeros observan aterrados. Seis patrullas se acomodan en forma de semicírculo, repletas de policías encapuchados que tiran a matar.

Un disparo le da al Garra, un *pelón* costeño, Aldo Gutiérrez Solano. La bala lo impulsa y cae. En un instante eterno, la sangre brota de su cabeza. *Ernesto,* a su lado, no puede creer lo que ve. *Carlos* y Acapulco intentan cargarlo pero les disparan. *José* queda paralizado hasta que otro compañero lo jala, y corren para ponerse a salvo.

Las balas pegan en los vidrios, en el piso, en la camioneta y los autobuses. Zumban en sus oídos. Ven chispas. Sienten el olor de la pólvora y el calor que emana de los disparos cuando pasan cerca, muy cerca. «¿Son cohetes?», dudan algunos ante el estruendo en ráfaga. *José Armando* corre cubriéndose la cabeza y piensa: «Si me dan en el cuerpo, chance y me salvo».

Corren hasta llegar al espacio entre el primer y el segundo autobús. Son unos veinte muchachos los que están abajo, y desde ese refugio ven frenar al tercer camión, el

Estrella de Oro número 1568. Otros policías bloquean al vehículo por detrás.

Es una emboscada, están rodeados.

—¡Ya le dieron a uno! ¡Ya mataron a uno! —grita *Ernesto,* que tardó unos minutos más en llegar, y los demás gritan:

—¡Somos estudiantes! ¿Por qué nos disparan? ¡Somos estudiantes! ¡Ya mataron a uno!

Aldo está tirado boca abajo, con la cara de lado y la mochila todavía en la espalda. Su cuerpo tiembla sobre el charco de su propia sangre.

El Güero se arriesga para ponerle una playera bajo la cabeza. Siguen los disparos: unos suenan en ráfaga y otros más espaciados.

—¡Somos estudiantes! ¡Ya nos mataron a uno, culeros! —gritan entre el primer y el segundo camión.

—¿Querían enfrentarse con hombrecitos? —responden los policías—. ¡Ahora aguántense, cabrones!

Negro toma la iniciativa dentro del tercer camión, el Estrella de Oro. Es mayor, tiene más experiencia que los *pelones,* y cree que pueden romper el cerco. Al ver el temor de sus compañeros, arranca el extintor y baja con el cilindro en brazos. No dimensiona el nivel de peligro hasta que, parado delante del autobús, cuenta unas siete patrullas entre municipales y estatales.

Ya está allí; decide continuar con su plan. Con todas sus fuerzas lanza el extintor contra los vehículos, pero a medio movimiento siente un calor de incendio que empieza en su antebrazo e invade su cuerpo entero. Le dieron. Su brazo derecho cuelga inerte. Negro cae al piso y piensa: «Hasta aquí llegué».

Mira su brazo: le falta un pedazo y sangra. «Tengo que ayudar a mis compañeros», piensa. Toma fuerza para levantarse y correr hacia el autobús mientras los policías le gritan:

—¡Ahora sí se los va a llevar la chingada! ¡Se creen gran cosa pero se los va a cargar la chingada!

Negro sube al Estrella de Oro y ordena a Cochiloco:

—¡Márcale a la Parca, dile que ya me balearon!

La sangre brota de su brazo pero su mente bloquea el dolor. Se sienta en la primera fila de asientos a un lado de Miguel Ángel Hernández, *el Botitas,* quien intenta detener la hemorragia con un paliacate. Los balazos pegan en el camión, estallan los vidrios de las ventanillas. Los demás estudiantes intentan tirarse en el pasillo. Se acuestan como pueden a ras de piso.

—¡Aquí otro compa está herido! —un susurro rompe el silencio del terror—. El muchacho tiene un rozón en la espalda y también sangra.

Negro intenta tranquilizar a los *pelones:*

—No se preocupen, no tengan miedo.

Cochiloco llama por teléfono para pedir auxilio.

Delante de la caravana, entre los dos Costa Line, *Carlos* trata de conseguir una ambulancia para Aldo. Llama al 066, número para emergencias, pero le responden:

—Estás jugando. Será una fiesta, porque se escuchan cuetes.

Él insiste pero el ruido de los balazos impide todo diálogo. Logra que lo atiendan pero dicen no entender en dónde están.

—¡Por la Bodega Aurrerá! ¡Por la calle Juan N. Álvarez!

Por fin alguien cree en su voz desesperada y llega una ambulancia de la Cruz Roja. Respiran; piensan que su compañero recibirá atención médica, pero se quedan atónitos cuando la policía no permite entrar a la ambulancia, que se retira por donde vino. Desesperado, *Carlos* llama de nuevo al 066 y *Uriel* le marca a una prima:

—Nos están balaceando cerca del batallón, junto a una Bodega Aurrerá. Por favor mándanos una ambulancia, ¡nos urge!

Llega otra ambulancia y esta vez los policías le abren paso. Aldo lleva media hora en el piso; muchos lo creen muerto pero su cuerpo se mueve cuando lo levantan los paramédicos.

—¡Está vivo! ¡Está vivo! —gritan esperanzados.

Con la misma violencia y al mismo tiempo, policías atacan el otro autobús Estrella de Oro que los muchachos traían desde la normal y ahora está detenido debajo de un puente del Periférico Sur, a la altura del Palacio de Justicia.

—¡Está cabrón! ¡Ya nos balacearon! ¡Nos persigue la policía, ya rompieron las ventanas y tiran gases! —relata aterrorizado Alexander Mora Venancio, *la Rocka*. Desde adentro del autobús habla por teléfono con su compañero *Érik*, que está en Ayotzinapa con otros estudiantes que no viajaron a Iguala porque tenían tarea. Se oyen detonaciones.

—¡Agarren cualquier cosa del bus que les sirva para defenderse! ¡Agarren los extintores, los martillos! —dice *Érik* desesperado a la distancia.

—¡Ya se puso peor! —responde Alexander—. ¡Nos volvieron a atacar y ahora sí directo! ¡Nos quieren bajar!

—¡No bajen! ¡No bajen! ¡Agarren cualquier cosa y no bajen!

—Tengo que colgar.

Vuelven a llamarlo pero ya no atiende. *Érik* siente un profundo dolor en el pecho; llora de impotencia.

—Preferiría mil veces estar allá que acá sin saber de mis compas —comenta. Los estudiantes junto a él responden:

—Estás loco. Nos estamos salvando de milagro.

Alexander ya no contesta llamadas.

El Estrella Roja, retrasado por la espera en la que tanto insistió el chofer, ya casi sale de la ciudad cuando algo parecido a un embotellamiento los obliga a detenerse sobre el Periférico Sur. La situación les resulta extraña y entienden poco. A cientos de metros divisan un autobús debajo de un puente pero no logran ver detalles. Aparecen carros en sentido contrario y un conductor al pasar simula disparos con la mano.

—¿Qué pasó? —le preguntan a un hombre que también quedó atrapado en la fila de vehículos.

—Parece que asaltaron un camión —responde.

Quienes bloquean el paso son vehículos de la Policía Municipal y la Policía Federal. Fresco llama por teléfono a los demás compañeros que salieron desde el centro.

—Estoy parado, creo que me van a quitar el autobús —pide auxilio, y le contestan llorando:

—Ya le dieron a un chavo. Le pegaron un balazo en la cabeza. Vengan a echarnos la mano.

La noticia los ofusca. Ya no les importa llevarse el camión que tomaron; ahora urge ayudar a sus compañeros.[5] Quieren llegar de un brinco, pero ¿cómo, si no conocen la

---

5   En conferencias y reportes oficiales, el gobierno mexicano nunca ofreció detalles sobre el autobús Estrella Roja, el único que no recibió disparos ni fue atacado. Casi un año después, el GIEI de la CIDH reveló que «esta escena del crimen nunca fue procesada por la Procuraduría Estatal ni por la Procuraduría General de la República» y sugirió analizar la hipótesis de que el llamado «quinto autobús» —Estrella Roja— pudiera ser un vehículo adaptado para transporte de estupefacientes, como ya ha ocurrido en otros casos vinculados a la banda Guerreros Unidos, que es investigada por la justicia estadounidense. Al tomarlo, los estudiantes desconocían ese presunto uso ilegal de buses de empresas privadas.

ciudad? ¿Qué deben hacer? Deciden descender del camión. Se acerca un policía, los alumbra con una linterna y amenaza:

—Muévanse o hagan alguna de sus pendejadas y se los carga la chingada.

—¿Qué? ¿No estás contento? —responden envalentonados—. ¡Ya mataste a uno! ¿Por qué no nos dejas pasar?

—Porque no —responde el policía mientras baja la linterna y toma su arma. A cinco metros, apunta al pecho de un estudiante.

—¡Baja el arma, pues!

—¿Para qué quieren las piedras?

—¿Para qué quieres el arma? ¿Por qué nos apuntas?

—¡Tiren las piedras! —ordena el policía sin dejar de apuntar.

Los estudiantes ven que ya hay más patrullas y optan por retirarse a pie. Dan la espalda al policía, conscientes de que puede dispararles. Caminan unos veinte metros a paso medio y después corren. En la primera calle toman a la izquierda, corren y entran a una casa abandonada a esconderse, porque hay demasiado peligro cerca. «¿Cómo estarán los otros? ¿Y ahora qué hacemos?» No encuentran respuestas, no entienden lo que ocurre.

· ·

BUKI MIRA EL CIELO Y PIENSA QUE ES UN MAL PRESAGIO. A lo lejos los relámpagos estallan furiosos. Rayas blancas, eléctricas, son puñaladas que se clavan en la tierra. Van por la carretera Tixtla-Iguala, hacia el lugar de la tormenta.

Está nervioso como los demás, unos 20 o 25 estudiantes a bordo de un microbús que sólo tiene 17 asientos. En Ayotzinapa todos los estudiantes querían subir; eran 70 en la fila, pero sólo entraron quienes llegaron primero. No había más que dos camionetas Nissan Urvan y la urgencia de salir porque sus compañeros pedían auxilio.

Avanzan a toda velocidad por caminos sinuosos y rotos en algunos tramos. Pasan muy cerca de varios ríos pero no frenan: faltan 130 kilómetros y cada instante cuenta.

—¡Los tienen acorralados todavía! ¡Apúrale, güey! —reclaman al conductor.

Tensos, guardan silencio. En Guerrero es peligroso transitar por carreteras durante la noche, y más aún en esta zona de paso de cargamentos de droga, por donde bajan marihuana y pasta de heroína desde las montañas. Pero eso ahora casi no les preocupa. Piensan en sus compañeros. Sólo saben que la policía atacó y al parecer hay un muerto. «¿Por qué? ¿Por qué?», preguntan agobiados. La información llega a cuentagotas a través de llamadas telefónicas.

Apenas avisaron de los ataques, *Francisco* subió al microbús. Su primo Carlos Iván Ramírez Villarreal y su paisano Aldo Gutiérrez Solano son parte del grupo que fue a tomar camiones. Marca a sus celulares pero no contestan. En medio de la angustia recibe una llamada.

—Oye, ¿cómo se llama tu paisano? —pregunta un compañero.

—¿Por qué?— se paraliza su corazón.

—¡¿Cómo se llama?!

—*Garra*... Aldo Gutiérrez Solano.

—Es él, es él el que está muerto.

—¡No chingues! —dice con rabia—. ¡No chingues!

—Le dieron. Se lo llevó la ambulancia. No sabemos adónde.

Varias patrullas repletas de oficiales con porte militar llegan a la esquina de Juan N. Álvarez y Periférico Sur.

—¡Son federales! —dicen los estudiantes al ver que tienen uniformes oscuros, chalecos antibalas, rodilleras, coderas, guantes, cascos y armas largas. Parecen demasiado equipados para ser de la Policía Municipal—. ¡Son federales!

En realidad podrían ser integrantes del grupo de elite Los Bélicos, de la policía de Iguala, que trabaja para el cártel Guerreros Unidos, según investigaciones de la revista *Proceso*.

De una camioneta con rótulo de la Policía Municipal baja un hombre alto y fuerte, con chaleco antibalas y el rostro cubierto por un pasamontañas.

—A ver, pues. Vamos a hablar —les grita con tono de mandamás.

—Si quiere negociar, pues quítese la capucha —responde un estudiante, encabronado porque los tienen acorralados, disparándoles, y ya le dieron un balazo en la cabeza a uno de sus compañeros.

El policía descubre su rostro. Es joven, cachetón y de piel aceitunada, bigotes y cabello rasurado al estilo militar. No lo conocen. Su nombre es César Nava González: es ex militar y el actual subdirector policial del vecino pueblo de Cocula.[6]

—¿Qué quieren? —les grita—. ¿Qué hacen aquí? Entreguen las armas.

—¡No tenemos armas! ¡Somos estudiantes! —repiten la misma frase desde hace rato.

—Entreguen sus armas ahorita o se los va a cargar la chingada.

—¡Que no tenemos armas! ¡No tenemos armas! ¿Qué quieres que te demos?

—Miren, nos vamos a llevar los autobuses, vamos a juntar los casquillos y los vamos a detener. Vamos a hacer de cuenta que aquí no pasó nada.

Los muchachos discuten entre sí:

—¿Y si nos entregamos, güey? Nos llevan detenidos, nos madrean y ya.

—¡No, cabrón! Si nos entregamos, ¿quién va a dar a conocer los hechos? ¡No va a quedar ni evidencia de que nos atacaron!

Hay poca luz y todo se hace más oscuro; no logran entender la pesadilla que viven. Los policías los tienen acorralados, no dejan de disparar y avanzan, ganan terreno. A los normalistas les quedan pocas piedras para defenderse; hace rato que dejaron de aventarlas: sólo amagan, porque

---

6 Alfredo Méndez, *La Jornada*, 30 de diciembre de 2014; Víctor Hugo Michel, Rogelio Agustín e Israel Navarro, *Milenio*, 21 de noviembre de 2014.

soltarlas sería demasiado tonto. Miran el charco de sangre que dejó Aldo y responden:

—Pues de aquí no nos vamos.

—¡Ya se los llevó la chingada! —grita fúrico el policía—. No saben con quiénes se metieron.

Saca un cigarro y lo prende. La luz anaranjada del tabaco se enciende con cada pitada. Fuma y ríe a carcajadas. A *Carlos* lo petrifica esa risa cínica. «Estos güeyes nos van a matar», piensa.

—Ya se los llevó la chingada —repite el policía cuando se termina el cigarro. Se cubre el rostro, habla por un radiotransmisor y da una orden a los policías que completan la emboscada. Del tercer autobús, el Estrella de Oro, bajan a golpes a otra veintena de estudiantes.

—¡Yo soy el conductor! —explica el chofer, apodado *Chabelote*.

—Me vale madres lo que tú digas —responde el policía apuntándole—. ¡Hijos de su puta madre! ¡Bajen! ¡Ahora sí se los llevó la chingada!

Los estudiantes descienden. Primero va Bernardo Flores Alcaraz, *Cochiloco*, alumno de segundo año e integrante del comité estudiantil.

Le dan con todo. Los mismos culatazos caen en la cabeza de los demás 20 o 25 normalistas que caminan con las manos en alto.

—No me voy a dar por vencido —desafía Negro al bajar con el brazo ensangrentado—. No me doy por vencido —repite, y los policías le dan un culatazo en el estómago.

José observa desde el espacio entre los dos primeros autobuses, donde siguen arrinconados. Le estremece ver cómo golpean a sus compañeros. Ninguno se resiste porque, según las reglas de Ayotzinapa, si se llevan a uno los demás deben entregarse; ¡imposible dejar solo a otro normalista!

«¿Quiénes son, a quiénes se llevan? ¿Son 20, 25, cuántos?», dialogan entre sí los estudiantes que observan escondidos entre el primer y el segundo camión. Si se asoman les disparan. Desde su refugio ven poco: están lejos, está oscuro y no se conocen bien, apenas llevan dos meses juntos en la escuela. Además, pelones todos lucen parecidos.

Entre quienes bajan, *Uriel* identifica a sus paisanos Chivo (Jorge Aníbal Cruz Mendoza), Magallón (Marcial Pablo Baranda), Kínder y Charra (los hermanos Doriam y Jorge Luis González Parral). Otros alcanzan a ver a Beni (Jonás Trujillo González), el Botitas (Miguel Ángel Hernández Martínez), Chuckito (Israel Jacinto Lugardo), Komander (Cutberto Ortiz Ramos), Diablo (Carlos Iván Ramírez Villarreal) y Frijolito (Carlos Lorenzo Hernández). *Ernesto* distingue al último, Chicharrón (Saúl Bruno García).[7]

«¿Y los demás? ¿Ya les marcaron? ¡Márquenles! —varios dan órdenes— ¡Márquenle a Lobato, ya no tiene saldo! ¡Números! ¡Números! ¡El de la Parca!»

Buscan hablar con el secretario general de su comité. No vino, anda en otra actividad en Chilpancingo. Quieren pedir auxilio, pero tienen pocos teléfonos celulares, algunos sin pila y otros sin saldo.

Atrás, los policías forman a los normalistas boca abajo en el piso. Algunos muchachos lloran.

---

7   La investigación del GIEI ubica a Israel Jacinto Lugardo, Jorge Aníbal Cruz Mendoza y Carlos Lorenzo Hernández en el autobús Estrella de Oro 1531, que fue atacado en Periférico Sur frente al Palacio de Justicia, mientras que los sobrevivientes que testimoniaron para esta reconstrucción dicen haberlos visto bajar del vehículo 1568. Es posible que existan imprecisiones en este aspecto debido a la oscuridad, la distancia entre el primer y el tercer camión y la semejanza física de los normalistas.

—Paisas, ya no nos vamos a salvar —lamenta el Botitas.

—Aguántense, que vamos a salir de aquí —responde Negro, y reclama a los policías:

—¿Por qué nos hacen esto? ¡Somos estudiantes!

—Me vale madre lo que digas —contesta uno, y lo golpea en la cara con su rifle.

Los policías, municipales y estatales, apuntan y pegan culatazos a quien se mueva o reclame.

—¡Párate, hijo de tu puta madre! —le ordenan a Negro, que ya no aguanta el dolor en el brazo—. ¡Apúrate! ¡Con las manos en la nuca! —y le señalan una ambulancia que acaba de llegar.

Él desconfía, no cree que quieran ayudarlo, pero una vez adentro, los paramédicos lo tranquilizan:

—No te preocupes, te vamos a llevar al hospital —le vendan el brazo.

En la calle, los policías levantan a patadas a los estudiantes que estaban en el piso, que son entre veinte y treinta. Los suben a varias patrullas con identificación oficial, números 017, 019, 020, 022 y 028.

Desde su escondite, los otros chicos de nuevo ingreso observan aterrorizados. *Uriel* intenta tranquilizarlos; les explica:

—Sólo los van a detener. Seguramente los van a golpear, les van a quitar sus celulares, pero mañana hacemos una marcha y los liberan. No se preocupen.

En la otra punta de la ciudad, dentro de una casa abandonada, siguen escondidos los catorce normalistas que viajaban en el camión Estrella Roja. Afuera hay policías, pero adentro tampoco se sienten seguros; por eso Fresco sale a recorrer la zona. Busca una ruta de escape y vuelve más tarde con malas noticias.

—Vi dos patrullas, una de tránsito y una municipal. Hay

dos opciones: nos quedamos escondidos y corremos el riesgo de que nos encuentren, o las quitamos a pedradas. También hablé con David —el secretario general—; dice que vienen en camino unos compas de la escuela, y los otros están por la Bodega Aurrerá.

Deciden salir a la calle. Vuelven a la carretera; creen que sus compañeros pasarán en autobuses y apuestan por quitar las dos patrullas a pedradas. Sin embargo, al llegar al lugar encuentran un escenario diferente, con un camión abandonado bajo el puente y muchos policías alrededor. Después se sabrá que eran de la Policía Federal, de la Policía Ministerial, y un agente de inteligencia militar.

¿Qué hacer? Optan por pasar al otro lado del periférico porque esperan interceptar ahí a los compañeros que vienen desde Ayotzinapa. Hay un gran edificio, el Palacio de Justicia, y se dirigen hacia allá en grupos de cuatro para ser más discretos.

—¡Allá van! ¡Allá van! —los detectan unos policías junto al camión detenido.

Les apuntan y los normalistas corren. Se arrastran pecho tierra, buscan esconderse detrás de muros y plantas. Dispersos, se mantienen inmóviles para que no los vean.

En la esquina de Juan N. Álvarez y Periférico Norte algunas patrullas se llevaron a los normalistas del tercer camión, pero ahí siguen los demás policías. Todavía apuntan y disparan a quienes intentan asomarse.

Un estudiante habla por teléfono:

—¡Que avises a la prensa, güey! ¡Ya se están yendo los policías! Van a quedar los federales, ¡nos van a fastidiar, güey!

A Pulmón le falta el aire y cae desmayado. Tiene antecedentes médicos que nadie conoce a detalle. Lo recuestan en el piso, le levantan la cabeza y tratan de revivirlo. *Carlos* llama nuevamente al 066.

—Ya enviamos la ambulancia pero no la dejan pasar —responden.

—¿Quiénes?

—La policía. Dicen que es peligroso.

Carlos insiste y le dan otra excusa:

—No sabemos dónde están ustedes, no nos saben explicar bien la ubicación.

Vuelve a marcar pero ya no le contestan.

—¡Necesitamos una ambulancia! ¡Oficial! ¡No tenemos armas! ¡Necesitamos una ambulancia para un compañero!

—*Uriel* intenta convencer a los policías, pero le responden con balas—. ¡Traigan aquí la ambulancia! ¡Pero tire el arma, pues! ¡¿Acaso hay narcotraficantes aquí?! ¡¿O acaso tenemos armas?! ¡Que vengan los paramédicos! ¡¿Por qué está apuntando?! ¡No tenemos armas! ¡No tenemos armas!

Los normalistas graban con sus teléfonos celulares a pesar de que se ve poco. Acapulco publica un mensaje breve en Facebook: «Nos mataron a otro comañer x fabor alguien llame a la prensa estamos en iguala» *(sic).*

La rabia es mayor que el miedo y todos gritan al mismo tiempo: «¡Un compañero ya está muerto y se está muriendo otro! ¡Esos cabrones están apuntando! ¡Somos estudiantes! ¡Ya les dijimos que no tenemos armas!»

—Te estamos grabando, papá —le dice *Uriel* a un policía—. Te estamos grabando, tú estás apuntando. ¡Te estoy grabando, cabrón! ¡Apunta, apunta, que te estoy grabando! ¡Que te vean cómo les apuntas a estudiantes! Para eso sí son buenos, para apuntarles. Para eso sí son buenos. ¡Bonitos se ven matando estudiantes!

Pulmón sigue en el piso, necesita atención médica.

—No se hagan pendejos —grita un policía—. Entréguennos a su compañero, nosotros lo llevamos a un hospital.

Acuerdan que entregarlo es la mejor opción para salvarle la vida.

—Mira, lo vamos a llevar, lo vamos a llevar —dice *Uriel*—, ¡pero guarden sus armas! ¡Se nos está muriendo!

—Sale pues, échenlo —responden los policías.

Güero, Chano, *Uriel* y otro normalista cargan a Pulmón. Quedan a merced de los policías, que nunca dejan de apuntarles. Caminan hacia ellos con un brazo en alto para mostrar que están desarmados. Si les tiraran, caerían como hojas.

Carlos piensa: «Ya valió madres». Sus compañeros gritan al mismo tiempo: «¡No tenemos armas! ¡No tenemos armas!»

Dejan a Pulmón a media calle mientras el mandamás entrega su arma a una mujer policía, a su lado. Los estudiantes corren de regreso y él levanta al muchacho por las axilas y lo arrastra rumbo a la patrulla número 302, pero unos metros más adelante una ambulancia finalmente se lo lleva.

«Ya, güey, hay que entregarnos», discuten los estudiantes. «Sí, hay que entregarnos», opinan varios. *Uriel* piensa que así podría reunirse con sus paisanos detenidos hace algunos minutos; entonces camina con las manos en la cabeza hasta que su compañero Acapulco lo detiene de un manotazo:

—Tú no te vas. Ni te conocen, nomás te están diciendo. Que se entreguen ellos.

Ya no ven al mandamás. Los otros policías se notan más relajados y, refresco en mano, se ocupan de levantar los casquillos percutidos.

—¿Por qué recoges los casquillos, cabrón? —reclama *Ernesto*—. Sabes lo que hiciste, ¿verdad, mierda? ¿Por qué nos andan buscando? ¡Pinche perro lamehuevos!

Su sangre hierve pero sólo puede gritar. En vez de una piedra desearía tener un arma; sabe manejarlas, pues fue policía comunitario.

—¡Pendejo! Suelta tu arma y nos agarramos a madrazos tú y yo —insiste.

—Yo tengo esto, yo tengo esto —el policía se burla señalando su rifle AR-15, de grueso calibre.

Regresa el oficial a cargo, César Nava González, y grita a los atrincherados:

—Bueno, ¿qué chingados quieren?

—¡Nos queremos ir! ¡Nos queremos ir!

—¡Pues váyanse a la fregada! ¡Ahí tienen sus pinches autobuses! ¡Se van a arrepentir de haber entrado a Iguala! ¡Vamos a venir por ustedes!

Da órdenes y los policías retiran la camioneta Ford Ranger frente a los autobuses, completamente agujereada por balazos. Se van los policías municipales y estatales, y también los que parecen federales, los más equipados. Lo hacen rápido, entre amenazas: «¡Ésta es nuestra ciudad! ¡Lárguense! ¡No los queremos ver! ¡Si se quedan, se van a acordar de nosotros!»

23:00 HORAS

· ·

DE PRONTO SÓLO SE OYE EL MOTOR DE LOS AUTOBUSES. «¿De verdad se habrán ido?», se preguntan los estudiantes. Temen moverse, podría ser otra trampa.

Algunos carros empiezan a circular. Pasan tres muchachos en dos motocicletas.

—¿Hay policías allá atrás? —les preguntan varios normalistas.

—Ya no.

Temerosos, se asoman. Dan pasos largos y lentos, sigilosos. Cuando salen del escondite se topan con doce compañeros que bajan del primer autobús.

—Estábamos escondidos. Nos quedamos quietos para que no nos vieran —explica Coyuco ante el asombro de los demás.

No hablan, sólo se miran, y los más jóvenes lloran. Se preguntan por sus compañeros: ¿estarán madreando a los detenidos? ¿Habrá más muertos? ¿Algún otro herido?

Carlos encuentra a un muchacho de primer año, Julio César Mondragón Fontes, *el Chilango*. Lo nota espantado y trata de calmarlo, aunque también él está alterado.

—¿Qué, paisa? ¿Cómo anda? —le dice—. Ya llamamos a la prensa y a los compas, ya van a llegar. Nada más no hay que separarnos, hay que estar todos juntos.

No pueden irse: los autobuses están destruidos, con vidrios rotos y llantas ponchadas por balazos. Esperan a un grupo de compañeros que viene desde Ayotzinapa, a maestros y periodistas de Iguala.

—¡Hay que marcar los casquillos, paisas! ¡Márquenlos para cuando vengan los peritos! —ordenan los mayores.

Recogen piedras, botellas de plástico, basura, lo que pueda servir para señalar las pruebas del ataque. Cuentan cerca de 300 casquillos y *Ernesto* identifica 6 de fusiles AR-15, 5 de pistolas de 9 milímetros y 6 fusiles de 223 milímetros.

Acapulco toma fotos con su celular y publica cuatro imágenes en Facebook. Muestra el charco de sangre que dejó Aldo Gutiérrez Solano.

Varios estudiantes suben al tercer autobús, al Estrella de Oro del que se llevaron a unos 20 o 25 compañeros suyos. El primer asiento está cubierto de sangre y hay mucha más en el pasillo. Ya no es tan roja: se hace negra, y su oscuridad los arrastra.

Son cerca de las 11 de la noche. Están solos en una ciudad que no conocen, un lugar donde les disparan en cada esquina, los matan, se los llevan. No logran entender las horas de locura y las preguntas los ofuscan. ¿Qué fue todo eso? ¿Qué está pasando? ¿Qué sigue?

El microbús Urvan sigue en viaje por la región centro-norte del estado de Guerrero. Buki va sentado delante, junto al chofer, y siente alivio al ver que están en la entrada de Iguala. «Ya pasó lo más peligroso», piensa, porque atrás quedaron las curvas de caminos desolados. En muchas zonas de México no es recomendable viajar de noche y ya pocas personas lo hacen, pero su mayor preocupación es llegar junto a sus compañeros, ver con sus propios ojos lo que ocurre y salvarlos de lo que sea que estén viviendo.

Su tranquilidad se esfuma de un trancazo cuando detecta una camioneta roja atravesada a media carretera; junto al vehículo aguardan unos diez tipos vestidos de negro, encapuchados, con armas largas.

—¡¿Qué chingados hago?! —pregunta desesperado el conductor.

—¡Síguete! ¡Síguete! —responde Buki decidido, aunque para sus adentros se pregunta: «¿Para qué chingados vine? ¡Ya valimos madre!». Sabe que no hay vuelta atrás.

Los segundos se hacen largos. El estudiante se aferra al volante y el microbús alcanza a pasar por el carril de la izquierda. Los sicarios no disparan, confundidos porque tal vez esperaban a los normalistas en camiones.

Los estudiantes respiran otra vez. Buki llama a su padre, integrante de la policía comunitaria de la ciudad de Tixtla.

—Papá, no se lancen, no vengan. Aquí hay puro narco… Sí, estoy seguro… Todos de negro, encapuchados, con armas largas… ¡Son narcos, papá! No vengan ahora.

Pasan junto a un autobús abandonado y balaceado, con las llantas ponchadas y los vidrios rotos. Se preocupan aún más; llaman a sus compañeros para preguntarles dónde están. Les responden:

—Por la Pemex, hay un Elektra y la Bodega Aurrerá.

Piden indicaciones a las pocas personas que circulan por la calle, pero nadie quiere darles señas. Muchas camionetas grandes, patrullas y taxis circulan a toda velocidad.

—Le pagamos el viaje, llévenos a la Bodega Aurrerá —le piden a un taxista.

—No, ¡no! No lo tenemos permitido —responde el chofer.

—¡Le pagamos! ¡Le damos 100, 150 pesos!

—No, no lo tenemos permitido.

Llueve en el Periférico Sur, por el Palacio de Justicia. Pasa una camioneta Urvan a toda velocidad. Los estudiantes la reconocen: son sus compañeros, pero no pueden pedirles auxilio porque están escondidos. Han transcurrido apenas unos minutos desde que se fueron los policías; ya sólo quedan un guardia privado y una patrulla. Es el momento de salir, piensa Fresco, y reúne a los trece muchachos, que llevan un buen rato inmóviles.

—No hay de otra, a caminar —dicen, y arrancan con la intención de llegar al supermercado Aurrerá. Pasan junto al camión que está debajo del puente, ven muchas marcas de balazos y piensan: «Qué gacho, aquí mataron a alguien».

Es un Estrella de Oro, transporte muy común en Guerrero. No les resulta extraño ni se percatan de que su número es 1531: es el vehículo que ellos traían desde Ayotzinapa.

Ignoran que los policías dispararon contra el camión, rompieron vidrios y lanzaron gases lacrimógenos para bajar a los estudiantes que iban allí. Tampoco saben que los esposaron y tendieron en el piso antes de cargarlos en patrullas y llevarlos quién sabe adónde. Las autoridades ya abandonaron la escena y se llevaron once prendas de vestir, algunas de ellas con sangre. Sin conciencia de lo que allí ocurrió, pasan junto al camión en el que viajaban Alexander Mora Venancio y otros compañeros, de quienes todavía meses después no se sabrá casi nada.

Siguen de largo. Aceleran el paso, quieren reunirse con los demás. Caminan por el Periférico Sur, pasan enfrente del 27 Batallón de Infantería, y en una tienda Oxxo tienen que rogar para que les vendan botellas de agua; a pesar de que allí dan atención las 24 horas, no quieren ni abrirles la ventana.

Los normalistas de la Urvan llegan a Juan N. Álvarez y Periférico Norte. Se estacionan detrás de los tres camiones. Unos minutos antes llegaron el otro microbús igual, que salió antes de Ayotzinapa, y una camioneta que viene desde Chilpancingo con otro grupo de estudiantes, entre ellos el secretario general del comité estudiantil.

El reencuentro es difícil; se topan con una escena más compleja de lo que imaginaban. Hay casquillos por todas partes, los autobuses tienen marcas de balazos y hay mucha sangre dentro del tercero. Buki se espanta pero intenta tranquilizar a los sobrevivientes:

—No se preocupen, ya estamos todos aquí. Vamos a buscar dónde quedarnos esta noche.

Omar, de segundo año, hace lo mismo:

—Tranquilos, tranquilos. Ahorita vemos qué hacemos.

Francisco busca a su primo Carlos Iván. En el viaje hacia Iguala trataba de ser positivo, se convencía de que lo encontraría al bajar del microbús, pero no da con él. Va de un lado a otro preguntando:

—¿Has visto al Diablo? ¡A mi primo! ¡Al Washo!

—Se lo llevaron los municipales hace rato —responde alguien.

—¿Estás seguro? ¿No andará por ahí?

—No. Lo vimos bien, se lo llevaron.

Sobrino también llegó en el grupo de auxilio. Alumno de segundo año, conoce de represión, pero al bajar de la Urvan un viento de miedo lo invade hasta el último hueso. Queda pasmado frente a un charco de sangre y la playera enrojecida con la sangre de Aldo.

Pregunta por José Ángel Navarrete: «¡Pepe! ¿No has visto a Pepe?» Así andan los recién llegados. «¡Fueron policías, eran policías!», repiten los sobrevivientes. Están tan afectados que no dan relatos a detalle. Cuentan poco, sólo se miran. En sus mentes retumba el terror de las balas que silencia los gritos; no ponen especial atención en las palabras ni mencionan que los policías amenazaron con volver.

—¿Quiénes eran?— pregunta *Omar*.

—Municipales —responden sus compañeros, y no pueden seguir relatando porque algo los perturba.

—¡Mira, güey! ¡Son ésas! ¡Ésas estaban allí! —señalan varias patrullas que pasan como en ronda. Tienen vidrios rotos, plásticos pegados para tapar el hueco y algunos agentes dentro.

—¡No mames! Van intentar mandar al narco para lavarse las manos, güey. ¡Vámonos! Hay que salir de aquí cuanto antes. Van a venir, ésa es la lógica, acuérdense de Tlatlaya.

Se refieren a la matanza de 22 jóvenes en una bodega del Estado de México, perpetrada casi tres meses antes por el Ejército Mexicano, según denuncias de la única sobreviviente que ha rendido testimonio.

Uriel piensa igual y lo dice:

—¡Vámonos! Siento que va pasar algo más.

Todos quieren irse pero no tienen cómo hacerlo, no caben en dos microbuses. Lo mejor, creen, es pasar la noche en Iguala para encontrar a Aldo y a primera hora del día siguiente gestionar la libertad de los detenidos.

27 DE SEPTIEMBRE DE 2014, 00:00 HORAS

· ·

FRESCO Y LOS TRECE *PELONES* CAMINAN POR LA BAN-
queta cuando una patrulla se acerca y el conductor da un
volantazo para atropellarlos. Saltan hacia la cuneta por re-
flejo. Estupefactos, retoman la marcha, pero en eso el agre-
sor retorna y ya no está solo: ahora son dos camionetas
de la Policía Municipal y una de la Policía Ministerial. No
disimulan: llevan las torretas encendidas, proyectan luces
azul y rojo, mientras los conductores aceleran para chocar
contra ellos. Otra vez los estudiantes brincan a tiempo entre gritos de «¡Cabrones! ¡Cabrones!».

Se dan cuenta de que los policías buscan algo más que
darles un susto.

—¡Ya son seis! —cuenta Fresco, porque más lejos vienen
otra patrulla de Protección Civil y un carro Nissan con
personas vestidas de civil y de cuyas ventanillas asoman
armas largas.

Las llantas chillan, los vehículos llegan uno tras otro.
«¡Avienten piedras! ¡Avienten!», los normalistas intentan
defenderse. Agarran lo que encuentran, cascotes y piedras.
Los policías responden de igual manera pero en pocos segundos ya son más de veinte con armas largas y cortas

cartucho, señal inequívoca para los estudiantes. «Contra eso no se puede», piensan, y corren con todas sus fuerzas. Brincan hacia una canaleta profunda y siguen hacia unos callejones.

Corren con ganas de cerrar los ojos; oyen ráfagas de balas que buscan sus cuerpos. Corren a toda velocidad; no sienten los raspones de guamúchiles y arbustos espinosos. Sin voltear, trepan a prisa por el terreno accidentado, entre urbano y rural.

Carlos F. siente que su cuerpo ya no responde:

—No aguanto, me escondo entre estos arbustos.

Un compañero lo jala:

—¡Estás loco! ¡Vámonos!

Llegan al pie de una larga escalera que serpentea por el cerro. Son 100 o 200 escalones, quién sabe, pero los encaran porque detrás vienen varios policías. La subida les resulta pesada, aunque da una única ventaja: impide a sus perseguidores disparar con soltura, y así los balazos son más espaciados.

Desde algunas casas salen personas armadas que les apuntan. Otros les gritan «¡Lárguense de aquí!» La pesadilla se hace más densa, y cuando el laberinto parece trampa sin salida, aparece una mujer en su defensa. Una señora que con autoridad grita: «¡Ya déjenlos!».

—Tía, ¿puede darnos chance de quedarnos aquí tantito? —preguntan agitados.

—Pásenle, muchachos —rápido los mete a su casa—. ¿Dónde está mi hijo? ¿Dónde está mi hijo?— inquiere desesperada.

Ya dentro les explica que su hijo estaba jugando al futbol y, según rumores, balacearon a su grupo. Ni ella ni los estudiantes conocen detalles, pero las víctimas en realidad son los contrincantes de su muchacho: futbolistas del club

Avispones de Chilpancingo, jóvenes de entre catorce y dieciocho años que habían llegado a Iguala para un partido contra un equipo local y fueron atacados por hombres armados cuando salían de la ciudad en un autobús rentado.[8]

Uno, dos, tres... nueve. *Fresco* cuenta a los *pelones* y faltan cuatro. Pese al peligro, sale a buscarlos, recorre varias calles, y de regreso llama a sus celulares pero nadie contesta.

La dueña de la casa apaga la luz para disimular que allí se refugian y los diez muchachos se tiran en el piso, agazapados. Alguien se detiene frente a la puerta y alumbra hacia el interior con una linterna; temen lo peor, pero la luz sigue hacia otra casa. Apagan sus celulares por temor a ser localizados. Quienes pueden, duermen.

En el centro, maestros de Iguala y unos cinco reporteros llegan a la esquina de Juan N. Álvarez y Periférico

---

8   Durante la noche del 26 de septiembre, en Iguala también se registró un ataque en contra del equipo de futbol Avispones de Chilpancingo, de la tercera división. Alrededor de las 23:30, en la desviación hacia el municipio de Santa Teresa, personas armadas dispararon al autobús de la empresa Castro Tours que transportaba a futbolistas de entre catorce y dieciocho años de edad y a varios adultos a cargo, quienes habían participado de un encuentro deportivo. Primero tiraron en ráfaga y luego trataron de entrar al coche desbarrancado. David Josué García Evangelista, jugador de quince años, murió dentro del camión, y el chofer, Víctor Manuel Lugo Ortiz, de cincuenta años de edad, falleció en el hospital de Iguala. Otras doce personas resultaron heridas. Blanca Montiel, pasajera de un taxi que circulaba por el lugar, perdió la vida a causa de disparos que también hirieron al chofer, Aurelio García. Aunque las autoridades insistieron en que ningún sobreviviente identificó a fuerzas de seguridad entre los atacantes, peritajes de casquillos revelaron que provenían de armas utilizadas en los ataques contra futbolistas y normalistas (Juan Manuel Vázquez, *La Jornada*, 23 de mayo de 2015; Alberto Morales, *El Universal*, 31 de septiembre de 2014; Rolando Aguilar, *Excélsior*, 28 de septiembre de 2014).

Norte. Identifican a *Diario 18* y una cámara de Televisa, la mayor televisora de habla hispana en el mundo.

—¡Grábele ahí! —exige *José*—, ¡grabe esos disparos! ¡Tome fotos de todos los casquillos!

Ernesto los sube a los camiones:

¡Aquí dentro —señala—, la sangre de nuestros compañeros!

Acapulco pide a los demás que llamen a más prensa. *Carlos* y *Uriel* dan entrevistas telefónicas a la radio de la Universidad Autónoma de Guerrero y a otros medios independientes del norte y la capital del país. Ya pasaron dos horas desde los ataques y no llegan peritos ni enviados del Ministerio Público, mucho menos representantes de derechos humanos.

Un normalista pide ayuda a un pariente militar que vive en Iguala. Éste le responde:

—Desgraciadamente no puedo hacer nada. El general nos dijo que les vale madre.

Entonces llaman por teléfono al 27 Batallón de Infantería, con sede en Iguala, y les responden con un *no* rotundo.

—¡¿Por qué no vienen?! ¡¿Por qué no quieren venir?! —enfurece el Güero.

—Ustedes se lo buscaron, ¿para qué vinieron? Ahora aguántense —responde una voz de hombre.

Luis no puede creer lo que oye. Los militares se niegan a auxiliarlos. «Ustedes se lo buscaron», les dicen. ¿Qué significa eso?

Un lugareño les explica que el festejo que hubo esa noche en el zócalo era importante porque la esposa del alcalde, María de los Ángeles Pineda, es poderosa y busca gobernar la ciudad.

—Tal vez pensaron que ustedes venían a boicotearla.

—No sabíamos nada ¿Quién es esa vieja? —preguntan, y se preocupan al escuchar:

—Está ligada a los narcos de aquí.

Pertenece a una familia vinculada al narcotráfico, con influencias en los estados de Guerrero y Morelos. Su padre y tres de sus hermanos —dos de ellos asesinados— han sido acusados de ocupar altos cargos en el cártel de los Beltrán Leyva. María de los Ángeles Pineda es su operadora en Iguala, a cargo del grupo Guerreros Unidos.[9]

En la conferencia de prensa habla David Flores, secretario general del comité estudiantil. Unas cuarenta personas están a su alrededor; los demás se distribuyen en la zona para resguardar las pruebas y frenar el tráfico. Sobrino, Coyuco, Buki y Édgar, *el Oaxaco,* alertan a los pocos carros que pasan para que bajen la velocidad: quieren evitar un accidente.

—Ahorita regreso, quiero escuchar —dice Buki, y enfila hacia la rueda de prensa. De camino toma una fotografía con su celular y la envía a su novia; el reloj marca las 00:32.

Coyuco se preocupa al notar que ronda una camioneta Ford Lobo de color blanco. Tiene antenas de radio y teléfono satelital. Las conoce bien porque el narco las usa. En su pueblo, en la Costa Chica de Guerrero, bajan de la sierra para trasladar al patrón.

Un carro negro avanza despacio y les toma fotos con flash. Pasa al carril de enfrente y acelera en sentido contrario.

Recargado sobre el autobús, *Francisco* fuma. El humo se le atora del susto cuando ve que la camioneta frenó, se abren las puertas y descienden unos cuatro tipos con

---

9 Jesús Badillo, *Milenio,* 4 de noviembre de 2014.

cuernos de chivo, rifles AK-47. Las armas brillan. *Francisco* suelta su cigarro y corre.

Primero, una ráfaga de disparos al aire. Cinco segundos más tarde, otra vez tiros, pero más fuertes y sin pausa, uno detrás de otro. El estruendo es tan continuo que algunos piensan que «son rollos de cohetes».

—¡Tírense! ¡Son balazos! —gritan quienes sobrevivieron al primer ataque.

Los tipos avanzan mientras disparan y ya están casi en el centro de la calle, frente al lugar de la conferencia; unos hincados y otros de pie, tiran a quemarropa.

Muchachos, maestros y periodistas huyen aterrados. Corren sin saber bien de dónde vienen las balas; algunos se refugian detrás de los vehículos. Quieren alejarse del periférico por la calle Juan N. Álvarez.

«¡Mierda! ¡Otra vez!», piensa *José*. Todo vuelve a empezar. «¿Qué es esto? ¿Hasta cuándo?», se pregunta, y corre. Avanza rápido porque es ciclista y sus piernas están entrenadas; recorre dos cuadras pero aún desde allá oye fuerte el sonido de las ráfagas, las siente cerca.

Sobrino alcanza a *Francisco*, tieso de nervios.

—¡Corre! ¡No te agüites! ¡Corre, porque no tenemos con qué defendernos! —alienta a su amigo, pero en su interior arde de impotencia.

Algunos se arrastran pecho tierra. Estallan parabrisas y vidrios. Las balas zumban. ¿Cómo saber de dónde vienen? ¿Cómo esquivarlas? Las balas suenan, rebotan en láminas y muros. Los estudiantes ven flamazos por todas partes, lucecitas que matan.

Coyuco levanta a otro normalista arrodillado, inmóvil después de un tropezón. Tiene una varilla clavada en la pierna, pero lo jalonea y siguen juntos.

—¿Y Daniel? ¡¿Dónde está Daniel?! —no ve a su primo.

Sigue corriendo porque las ráfagas no dan tregua. Se esconden debajo de un auto, sienten los impactos en el guardabarros.

Omar mantiene una conversación por celular:

—¿Escuchas? ¡Nos van a matar a todos! —trata de esconderse tras un poste. El caos lo rodea: mira desde una extraña burbuja de calma en medio del huracán.

Dos *pelones* intentan cruzar el periférico y se desploman. Son Daniel Solís Gallardo y Julio César Ramírez Nava.

Francisco también los ve.

—¡Hay que regresarnos! ¡Hay que hacer algo! ¡Hay que… —dice exaltado, y un compañero lo arrastra.

—¡No, güey! ¡Ahora no se puede! ¡Si regresas también te van a dar!

Sigue el estruendo. *Carlos* siente tanto temor como en los primeros ataques pero aprovecha el momento de la recarga de municiones. Brinca una barda y junto a él cruzan otros catorce estudiantes. Caen sobre un techo de lámina que no soporta el peso y se derrumba, pero al menos están a salvo. «¿Qué es esto?» No puede pensar más que en esa pregunta. Sabe del odio que persigue a los normalistas de Ayotzinapa, pero esto ¿qué es?

José Armando decide llamar a su familia, que vive en Ayutla de los Libres, región de la Costa Chica. Toma su celular casi sin batería y habla desde su escondite:

—Papá, estoy en medio de una balacera. Ya mataron a un compañero. Si no llego, les estoy avisando a usted y a mi mamá —llora pero siente alivio: al menos se despidió.

Buki no reacciona hasta que una muchacha lo jala al pasar:

—¡Vamos! —se refugian en un espacio entre la pared y el segundo autobús. Tropieza y desde el piso ve a Édgar agachado, con el rostro ensangrentado. Sólo entiende lo que está pasando cuando oye gritos desesperados: «¡Una ambulancia! ¡Una ambulancia!».

Su compañero se toma el rostro con las manos, como queriendo sentir qué le pasa. Buki camina hacia él. Tiene una gran herida en la boca y la nariz: un disparo le arrancó parte de la mandíbula. Con afán de documentar le toma una foto; son las 00:36.

—¡Vamos, vamos! ¡Hay que alzarlo! —dice *Omar,* que acaba de llegar a toda velocidad mientras los tipos recargaban municiones.

En ese rincón son más de veinte. Unos levantan a Édgar, otros van adelante y atrás. Hombres armados pueden salir de cualquier parte, pero quieren salvarse y trasladar a su compañero.

Avanzan un par de cuadras. Encuentran un taxi, sólo que se niega a transportar a Édgar a un hospital. Siguen corriendo; ya llevan más de tres cuadras y el muchacho chorrea sangre.

—¡Aguanta, Oaxaco, aguanta! —le dicen—. ¡No te duermas, güey! ¡Aguanta, paisa! —le dan palmadas porque cierra los ojos, a punto de desvanecerse.

—¡Corran, muchachos! —dice una mujer que se asoma por una ventana.

—¿Dónde hay un hospital? —preguntan desesperados.

—¡El hospital está lejos, los van a matar por allá! Por aquí adelantito hay una clínica.

Se turnan para cargar a Édgar. Pierden la noción del espacio: no saben si corrieron dos o cuatro calles, hasta que encuentran el Hospital Cristina. Golpean la puerta con fuerza y abren dos enfermeras con uniforme. Se niegan a dejarlos pasar pero ellos insisten:

—¡Se nos va a morir! ¡Nos van a matar!

Asustadas, las enfermeras acceden, pero les advierten que sólo ellas están de guardia y les piden mantenerse en silencio. Veinticuatro muchachos y un maestro entran apresurados.

LLUEVE. *José* ESTÁ SOLO EN LA AZOTEA DE UNA CASA Y su único pensamiento es «Me van a matar». No hay muro que lo proteja. «Que no me vean, que no me vean». Cerca de él hay tres personas escondidas entre carros, dos señores gordos y una mujer. Todos lloran.

En la calle hay menos movimiento, pasan menos patrullas. Cuando lleva cerca de una hora bajo la lluvia, decide bajar. Está empapado y tiene frío. Ve a tres compañeros y corre detrás de ellos cuando un hombre les abre la puerta:

—¡Pasen muchachos, pasen! Hay muchos policías buscándolos.

También entra *Ernesto,* solo.

El hombre es un vendedor ambulante; su casa es humilde. Aunque son muchos, los esconde debajo de la mesa y le da un tamal a cada uno.

En la calle ya no se oyen disparos. Ahora las patrullas de la Policía Municipal dan vueltas con torretas y sirenas encendidas. Andan *peinando* la zona.

A través de una rendija, *Ernesto* ve una camioneta de Protección Civil que avanza con cañones de armas largas asomados por las ventanillas. El dueño de la casa avisa:

—Cuidado con esa camioneta. Es pirata, es de la *maña*.

También rondan muchos taxis. Uno va lento, se detiene a cada rato, y el conductor silba.

—No respondan —les dice Coyuco a los estudiantes que están con él en otra casa—. Nos quieren engañar para que salgamos.

Policías, Protección Civil, taxistas... Son muchos en la cacería.

En un terreno baldío con hierbas altas esperan cinco muchachos, entre ellos *Uriel*. Es inquieto, sufre al estar inmóvil. Le marca al Paletas, un amigo suyo que vive en Iguala.

—Paisa, vénganos a buscar, porfa —pide—. Estamos a tres cuadras de los camiones.

—¡No! Ahí donde se fueron a meter viven puros narcotraficantes. Quédense quietos; si los ven, los matan —responde el Paletas.

Entonces llama a Fresco:

—¿Dónde andan?

—Estábamos en el monte pero una señora nos dejó entrar a su casa. Se me perdieron cuatro compas.

—¿Cómo?

—Nos seguían los policías y corrieron para otro lado. No puedo salir a buscarlos ¿Qué saben de los demás?

—Hablamos con algunos.

Fresco y sus nueve compañeros vuelven a apagar los celulares, ya casi sin pila.

La ansiedad puede más que el miedo; *Uriel* le llama a David y su compañero responde:

—Estamos escondidos pero aguanten, vamos por ustedes más tarde.

Está mintiendo.

02:00 AM

· ·

—¿DE QUIÉN ES ESE CELULAR? ¡PONGA EL ALTAVOZ! ¡CON-
teste en voz alta! ¡Diga que está bien, que llama en cinco
minutos y que no se preocupen!

El militar entra al mando de otros doce uniformados;
no se identifica pero luego se sabrá que es José Martínez
Crespo,[10] adscrito al 27 Batallón de Infantería y amigo del
alcalde José Luis Abarca.

Obliga a David a mentirle a *Uriel*, y a los demás normalistas, retenidos ahora dentro de la clínica privada Cristina,
también les dice que mientan cuando reciban llamadas.

---

10   Capitán segundo de Infantería, inspector militar, adscrito al 27 Batallón de Infantería, según documentos militares oficiales difundidos por
el periódico *Milenio* el 25 de febrero de 2015. Una investigación de Anabel
Hernández y Steve Fisher, publicada por el semanario *Proceso*, indica que
esa noche también ingresó a la base de la Policía Municipal de Iguala acom-
pañado por doce militares del mismo batallón, según declaración ministerial del juez de barandilla Ulises Bernabé García. Una nota del periodista Álvaro Delgado en la misma revista, fechada el 15 de diciembre de 2014,
apunta que en Iguala el capitán Crespo era «asiduo asistente a las ceremonias públicas del ex alcalde perredista José Luis Abarca Velázquez». Existen
fotografías que lo documentan.

Los militares entraron cortando cartucho y apuntando, con el rostro descubierto y uniformes de estampado tipo camuflaje. Algunos muchachos se alegraron al verlos... pensaron que los iban a rescatar.

—¡No manchen! —dijo pálido el Gomita, nativo de Iguala, al desengañarse—. ¡Nos van a desaparecer!

En pocos segundos lo entiende *Francisco*, al sentir el peso del fusil en el pecho. Varias veces lo empujan con el arma y cortan cartucho; amagan con ejecutarlo.

—¡Somos estudiantes! ¡somos estudiantes! —repiten mientras les apuntan a la cabeza, con el cañón pegado a la sien. Buki se arrepiente de no haberse tirado de la azotea donde se había escondido.

—¡Siéntense acá! Quítense la playera, y sus celulares los ponen en la mesa —ordena el jefe mientras los soldados catean a los muchachos.

—Comandante, soy David, soy el secretario del comité estudiantil —se presenta la Parca—. Somos estudiantes de Ayotzinapa; nos acaban de atacar...

—¡Cállese y siéntese por allá! ¡Eso les pasa por andar de revoltosos, de vándalos! ¡Ustedes se la buscaron! ¡No se hagan güeyes, son delincuentes, seguro los atacaron otros delincuentes!

—No, señor: fue la Policía Municipal de Iguala.

—¡Cómo va a ser la policía! Recibimos una llamada de robo en la clínica. Ahorita los vamos a detener por allanamiento, vamos a llamar a la Policía Municipal.

—¡No! —interviene el maestro—. ¡La Policía Municipal fue la que balaceó a estos muchachos! ¡No los pueden entregar a sus asesinos!

—Nos han pasado ese reporte.

Un médico les abrió la puerta a los militares y asiente a todo lo que dicen. Al parecer es el dueño de la clínica; no da su nombre pero es Ricardo Herrera: lo confirmará después en entrevista con la periodista Marcela Turati, del semanario *Proceso*.[11] Parece disfrutar el momento y se mofa de los estudiantes:

—¡Allá están sus compañeros tirados! ¡Eso les va a pasar a ustedes!

—¡Llamen a una ambulancia por favor! —suplican los normalistas, que le aprietan pies y manos al Oaxaco para mantenerlo despierto.

—¿Se sienten hombrecitos? —dicen los militares—. ¡Ahí están las consecuencias! ¿Por qué se esconden? ¡Se los va a cargar la chingada! El futuro, el futuro, ¡qué van a ser el futuro ustedes! ¡Ustedes no son estudiantes, son delincuentes!

Los soldados toman fotografías de los normalistas hincados en el piso. Interrogan a cada uno: «¿Nombre? ¿Apellido? ¿Lugar de origen? ¿Por qué vinieron? ¿Quiénes son sus líderes?».

Interviene el jefe:

—Digan sus nombres reales. Si dan uno falso, nunca los van a encontrar.

Omar se queda atónito al oír esa frase; conoce a detalle la historia política de su estado. Sabe que en Guerrero los militares han desaparecido a cientos de personas desde los años setenta. Piensa: «Son las dos de la madrugada; aquí nos desaparecen para siempre». Buki cree que los van a matar; imposible olvidar que tres meses antes el Ejército Mexicano fusiló a 22 jóvenes en Tlatlaya.

Los muchachos se buscan con la mirada; sólo pueden

---

11   En entrevista con Marcela Turati, el médico Ricardo Herrera argumentó que no atendió a Édgar Andrés «porque no era mi responsabilidad» (*Proceso*, 11 de octubre de 2014).

hacer discretas muecas. «Falso», leen en sus labios, y no revelan identidades reales.

Édgar toma un periódico y escribe que necesita aire, no aguanta más. Entonces *Omar* habla por él:

—Oye, carnal: el compañero requiere atención —le dice al militar al mando.

—Que se espere.

—¡Señor, por favor!

—No.

Al rato vuelve a intentarlo y le responden:

—No puede salir.

Indignado, reclama:

—¡Güey, no se va a escapar! ¡Está herido, tienen que atenderlo! ¡Hasta en las guerras atienden a los heridos!

Los militares también le toman fotografías a Édgar. Captan su rostro muy de cerca con el argumento de que enviarán la situación del herido a los paramédicos. Por radio, dicen:

—Manden una ambulancia —pero nadie les cree porque ríen.

Llevan casi una hora cautivos cuando el jefe cambia de actitud. Después de mantener un diálogo por radio, con tono amable les dice:

—Discúlpennos, muchachos. Tenemos que entrar así porque uno nunca sabe. Yo no puedo saber si tú vienes armado o no, yo tengo que entrar contundentemente por si tú vienes armado. Ya nos vamos.

No se fían del tipo, no pueden creerle después de los gritos, empujones y torturas psicológicas. Además, pese a su cortesía, los militares mantienen las armas en alto. Salen del lugar, pero antes de atravesar la puerta amenazan:

—Ya nos vamos, pero ahorita les echamos a los policías municipales. Van a venir por ustedes.

Los estudiantes se miran con temor. El maestro dice:

—Váyanse, yo me quedo con Édgar —y llama a un amigo taxista frente al doctor Herrera, quien sigue ahí y los provoca de nuevo:

—Allá están los ayotzinapos tirados, muertos. ¡Eso tendría que pasarles a todos!

Édgar está muy débil pero toma el periódico y escribe: «Llama a mi familia». *Omar* marca el número. Nadie contesta, son las 3 de la mañana. Vuelve a sonar y ahora sí responde don Nicolás Andrés Juan.

—Señor, soy de la normal de Ayotzinapa. Estoy con su hijo Édgar. Hace unas horas los policías nos atacaron. Parece que tenemos un compañero muerto, varios presos, y su hijo está grave —dice *Omar* apresurado.

—A ver, explícame, ¿dónde están? ¿Qué pasó? —el padre despierta de golpe en San Francisco del Mar, Oaxaca.

—Estamos en Iguala, Guerrero, a una hora de la escuela. Buscamos hospital para su hijo. Supuestamente viene un taxi por nosotros para llevarlo al hospital.

—Muchacho, te lo encargo mucho. Salgo para allá con mi esposa.

—Háblele a Édgar. Tiene una herida muy grave en la cara; no puede hablar pero le voy a pasar el teléfono para que lo escuche. Anímelo —le pide, y pone el aparato en el oído de su compañero.

Édgar se espabila al oír la voz de sus seres queridos. Llora, pero lo revive escuchar a don Nicolás, de profesión maestro. Lo despierta saber de su madre, Marbella, una mujer pura dulzura.

Por fin llega el taxi. Casi sin fuerza, el muchacho se cubre la cara con una toalla blanca para no llamar la atención. *Omar* le habla sin pausa:

—¡Aguanta! Ya vamos al hospital, ¡aguanta!

Llegan al Hospital General de Iguala a las 2:10 am. Hay policías fuera y *Omar* teme. Los médicos atienden a Édgar de buena manera. Igual recibieron antes a Negro cuando llegó, hace casi tres horas. Hasta lo saludó el director del hospital, José Fernando Yáñez, pero al comentar que era alumno de la Normal Rural Raúl Isidro Burgos, el médico se transformó.[12]

—¡Te hubieran matado, maldito ayotzinapo! —le dijo, y entonces lo abandonaron en una silla, sangrando, porque una bala había arrancado parte de su antebrazo derecho.

Pasó cerca de una hora hasta que lo atendió una enfermera que hacía su servicio social. No tenía instrumentos; sólo curó la herida pero fue amable con él y discretamente le dijo:

—No te preocupes, yo te voy a sacar adelante.

También le contó que un compañero suyo, Aldo, se debatía entre la vida y la muerte. Negro se desanimó y ella intentó consolarlo:

—Tú eres el que está mejor.

Llegaron policías preguntando por él pero la enfermera dijo que no estaba ahí.

Afuera corren sin rumbo los 23 muchachos que salieron del Hospital Cristina. Saben que la calle es una trampa. Golpean puertas y ventanas, que no se abren a pesar de que hay luz adentro.

Corren varias cuadras, hasta que otro estudiante los llama en voz baja desde una casa. Les abre la puerta y al pasar encuentran que son casi treinta. No pueden hacer ni

12   José Fernando Yáñez, director del Hospital General de Iguala, confirmó haber recibido a 17 personas esa noche, entre ellas ocho normalistas (entrevista con Adela Micha, publicada en el periódico *Excélsior* el 08/10/2014).

el más mínimo ruido; la cacería sigue, y a las rondas se han sumado vehículos militares.

Con la pila que le queda a su celular, Acapulco vuelve a pedir auxilio por Facebook. Escribe: «Nos volvieron a disparar hay compañeros heridos los demás se separaron estamos escondidos ¿Qué le pasa a esta gente?» *(sic)*.

—¿Dónde estás? —*Francisco* llama a *Uriel*.

—Aquí, en un terreno baldío con otros *pelones*.

—Quédate, güey, espera a que aclare. Nosotros estamos en una casa.

Mucho silencio por cada plática breve. Son varios los números en los que nadie contesta. «Que ya amanezca, que ya amanezca»; todos piensan lo mismo. Llueve cada vez más fuerte. El viento sopla. Es una noche larga. Una noche de mierda.

· ·

DANIEL Y JULIO SIGUEN TIRADOS A MEDIA CALLE, EN EL mismo lugar donde murieron. Ningún policía, militar, funcionario o burócrata de los que circularon por Iguala durante la madrugada ha levantado sus cuerpos. Ahí estuvieron cuando las balas perseguían a sus compañeros y ahí los dejaron toda la noche bajo la lluvia.

—Hay dos compas tirados. Están muertos —informa con pesar un maestro a los normalistas que se refugian en su casa.

—¡Hijos de su puta madre! ¿Quiénes son?

—No sé.

Francisco estalla de rabia. Llama a *Uriel*, Paloma y Chamoy.

—¡Marquen a los demás! ¡Comuníquense! —les pide—. Hay dos compas tirados, muertos. No sabemos quiénes son. ¡Hijos de su puta madre!»

Llegan abogados del Centro de Derechos Humanos de La Montaña Tlachinollan y, con ellos, varios vuelven al lugar del último ataque. Militares, policías federales y ministeriales colocan cintas amarillas de *Peligro*. «¡¿Para qué los queremos ahora?!», piensa *Carlos* indignado. Los ve como a cazadores que presumen su presa.

El cielo aclara, viene el amanecer y se reúnen los estudiantes porque les aseguraron que ya todo estaba tranquilo. Llaman por teléfono y gritan en la calle: «¡Salgan, paisas!». Los recogen en camionetas blancas prestadas por la Policía Ministerial. Muchos se resisten: «¡Yo no me subo! ¡No mames, güey! ¡Nos van a chingar!».

—No se preocupen, ya hablamos con ellos; súbanse y vayan a declarar —les pide su secretario general.

Ya viene el día y por eso Fresco y los nueve *pelones* deciden salir de la casa donde se refugiaban, en un barrio peligroso. No han hablado por teléfono con los demás y caminan sin rumbo claro. Aparece una camioneta de ministeriales, igual a las que los perseguían horas atrás. Cuando están a punto de lanzarle piedras se abre la puerta y baja un compañero de segundo año.

—¡Súbanse! —les dice, pero desconfían: «¿Cómo es posible que nos quieran ayudar? Hace un ratito ellos mismos nos dieron de balazos, nos querían matar.»

Ernesto es el primero en llegar a la Fiscalía de Iguala, ansioso por liberar a sus compañeros. Quiere pagar lo necesario para salir de esa ciudad lo antes posible. Un grupo de maestros lo acompaña y aparecen, a cuentagotas, más normalistas. Algunos lloran y se abrazan.

Cada muchacho es un espejo: en los ojos del otro ve el mismo terror que trae dentro.

Varios teléfonos suenan sin que nadie conteste. Falta mucha gente, no saben si hay más muertos. Ni siquiera pueden hablar porque están en terreno enemigo. Policías estatales rodean el edificio pero, sobre todo, resulta absurdo denunciar ante quienes los atacaron.

Empieza el maratón de comparecencias; entran a oficinas donde, más que escucharlos, los interrogan:

—¿Y ustedes no dispararon? —preguntan a *Ernesto*.

—¿Cómo chingados voy a disparar? ¿Con qué? ¡Présteme su m-16 y nos encaramos a los cabrones! Ahí sí van a tener un enfrentamiento, porque ustedes dicen que fue un enfrentamiento pero los muertos y los heridos son de un solo lado.

Indignado, el muchacho se dirige al procurador de Justicia del Estado de Guerrero, Iñaki Blanco, presente durante su declaración:

—¿Y usted dónde estaba cuando nos balacearon? Porque tardó cerca de una hora la primera pinche balacera y a las doce nos balaceaban por segunda vez. ¿No se escucharon los balazos o qué onda?

—Yo estaba en Chilpancingo —se defiende—. Estoy aquí porque me dijeron lo que estaba pasando.

—¿Y por qué no llamó a estos cabrones?

—Es fin de semana y no hay elementos.

—¡Pues debería haber seguridad todos los días!

El procurador también atestigua la declaración de *Uriel*. Sonríe sin disimulo mientras hacen preguntas redundantes y dice:

—No se preocupen, los van a encontrar; están por ahí los chavos.

La comparecencia de *José Armando* dura de las 7 de la mañana al mediodía. Un hombre lo interroga y una secretaria toma nota. El miedo se transforma en rabia y estalla a cada rato; le resulta increíble que pregunten «¿Por qué entraste a la normal? ¿Por qué no fuiste a otra escuela? ¿Por qué buscaron autobuses en Iguala? ¿Por qué vinieron si saben cómo están las cosas?»

Responde:

—Las cosas están así porque quiere el gobierno. Yo estoy declarando lo que sé, lo que vi, y si no le importa me puedo ir.

«Esto es un pinche circo. Aquí no hay autoridad», piensa. Los burócratas escriben mucho pero al final no le permiten revisar la declaración. Se niega a poner sus huellas digitales y sale indignado a reunirse con sus compañeros.

Varios estudiantes temen represalias y, por miedo, no declaran. Los empleados de la fiscalía reparten *hot-dogs* y les toman fotos. Aceptan porque tienen hambre; será lo único que coman hasta que más tarde algunos maestros lleven atole, tortas y café.

Fresco suspira aliviado cuando ve llegar a los cuatro *pelones* que se perdieron horas antes. Se pone contento, aunque los regaña:

—¡Cómo se les ocurre irse solos!

De pocas palabras y en shock, los estudiantes sólo narran fragmentos de la historia. A media mañana confirman que los caídos son Daniel Solís Gallardo y Julio César Ramírez Nava, mientras que Aldo Gutiérrez Solano permanece grave en el hospital. Su hermano Ulises llega a las 7 de la mañana y, aunque pasaron nueve horas desde que recibió el balazo en la cabeza e ingresó al hospital a las 22:05, sigue en una cama de cuarto normal, su cuerpo aún sucio de sangre. Recién a las 4 de la tarde lo pasarán a terapia intensiva.

En la fiscalía, David reúne a los normalistas e informa que en las calles encontraron un cuerpo desfigurado, un joven a quien le arrancaron los ojos y la piel de la cara. Suena horrible y se ve mucho peor en la fotografía que les muestra, una imagen que circula por redes sociales. Enmudecen.

—Es el Chilango —dice una voz tenue que apenas corta el denso silencio. Apaleado, *Sobrino* sólo pregunta:

—¿A quién le hizo daño? ¿Por qué le quitaron el rostro?

Dos semanas atrás había nacido Melissa Sayuri, la hija de Julio César.

Carlos tiembla, siente agria la boca y le duele la cabeza. El dolor no cabe dentro de su cuerpo. Nunca ha visto tal salvajismo, aunque creció en Coyuca de Benítez, donde con frecuencia aparecen personas asesinadas. «¿Por qué tanto odio? —se pregunta—. ¿Por qué le hicieron eso?» Lo asaltan dudas que ahondan el pánico: «¿Será el único? ¿Estarán torturando a los demás?».

Un grupo de ocho normalistas parte hacia el Servicio Médico Forense para identificar a sus compañeros. En el edificio junto a la carretera que lleva a Huitzuco, los tres cuerpos están tendidos en mesas metálicas, cubiertos por sábanas.

Primero identifican a Julio César Ramírez Nava, con las heridas de la autopsia todavía abiertas. A Daniel Solís tampoco le han cerrado los cortes de los peritos. Les enseñan los zapatos, la playera roja y la bufanda de Julio César Mondragón Fontes, *el Chilango,* para constatar que es él, porque aún destapado resulta difícil reconocerlo. El forense explica que sus asesinos lo desollaron vivo y el terror cala hondo en los estudiantes. Su cuerpo inerte, su rostro sin piel ni ojos… no pueden asimilarlo.

En Ayotzinapa las horas se hacen eternas. Los alumnos van de la carretera al portón, de allí al campo y a varios puntos estratégicos. Adormilados por el cansancio, se mueven por inercia hasta que llega un compañero con el rostro como papel. En su teléfono les enseña una fotografía que circula en redes sociales: el cadáver del Chilango.

Es demasiado para *Érik*. No logra mantenerse de pie. Recibe otro golpe seco cuando le avisan que también fue asesinado Chino, su amigo del alma, Daniel Solís Gallardo. Entra corriendo a su cuarto y se desploma.

«¿Cómo puede estar muerto el Chino?» En medio del dolor lo invade una imagen hermosa. Se ve con él oyendo música mientras cuidan un campo entero de cempasúchil. «¡Fue hace un rato, fue ayer!» Piensa también en el viaje a la normal de Atequiza, Jalisco, para respaldar a otros estudiantes. «¡Fue en agosto, el mes pasado!» Revive otro viaje a a la costa. Al llegar a Zihuatanejo Daniel le dijo:

—¿Ves esa calle? Por ahí vivo. A ver qué día me visitas. Cuando gustes ahí está tu casa. Si vienes nos echamos unas chelas, vamos al mar y te presento a unas chavas.

Llora sintiéndose culpable por no haberlo salvado.

27 DE SEPTIEMBRE
POR LA TARDE

· . · . · . · . · . · . · . · . · . · . · . · . · . · . · . · . ·

—YA NO VAMOS A DECLARAR. QUEREMOS UNA LISTA DE los detenidos, y nos lleva a buscar a nuestros compañeros —exige *Uriel* al hombre que maneja la camioneta, un señor gordo a quien otros llaman *comandante* y los traslada al cuartel de la Policía Municipal.

Entra con soltura y ordena:

—Denme la lista de todos los detenidos.

El oficial le responde:

—No, mi comandante. Aquí estuvo uno pero ya pagó lo que debía, lo encarcelaron por borracho, por golpear a su mujer.

Los policías se sorprenden, pero *Uriel*, Acapulco y Güero piensan que fingen.

—Miren, chavos, ahí están las celdas —insiste el oficial—; si quieren, pasen a buscar a sus compañeros. Nosotros ya pasamos y no había nadie.

Recorren la zona. En el patio aguarda una patrulla tapada con lona. Tiene las llantas ponchadas y les dicen que está «descompuesta». Los normalistas insisten: «¿Dónde están nuestros compañeros? ¡Ustedes se los llevaron!».

Mandan a buscar a *José, Francisco* y *Ernesto* para

identificar a los presuntos responsables. Los ubican detrás de una ventana con cortina. Al otro lado están los policías, formados en el patio, y los señalan sin más protección que una capucha.

Primero identifican a la mujer pelirroja que dejó la camioneta en la emboscada de Juan N. Álvarez y Periférico Norte. Siguen hasta señalar a veinte personas que vieron en los ataques. *Francisco* duda: «¿Cómo se van a encarcelar entre ellos mismos?» La identificación le resulta tan absurda como el operativo que montan para protegerlos, porque les ponen capuchas pero al salir, cuando todos saben que ellos son los acusadores, encuentran a muchos policías. No los separa más que el vidrio de un carro. Sienten las miradas desafiantes. «¡Vinimos a identificarlos y salimos quemados nosotros!», lamenta enojado.

Más se indignarán después al saber que a la 01:16, varias horas después de haber sido llevado por policías, un mensaje de texto salió desde el celular de su compañero Jorge Aníbal Cruz Mendoza, que pedía: «Mama me puede poner una recarga me urge» *(sic).*

Al llegar a la oficina donde están los demás, *Francisco* carga la pila de su teléfono y llama a su familia. ¡Qué alivio oír la voz de su padre! Ya le habían avisado de los ataques y en ese momento viaja desde Ayutla de los Libres para buscarlo.

—¿E Iván? —preguntan por su primo y no puede responder.

Le pasan el celular a su tía, la madre del Diablo:

—¡Mi hijo! ¿Dónde está? —su voz es una puñalada, pero más le duele su propia respuesta:

—No sé, tía. Faltan varios batos; anduvieron buscando en cárceles, pero no se preocupe usted, van a aparecer…

—¡Cómo no me voy a preocupar! —lo interrumpe ella.

Su padre toma el teléfono y le dice que van rumbo a Iguala.

—¡Aquí no vengan! —le pide exaltado—: vayan a la escuela, espérennos allá.

Suenan los celulares.

—¿Dónde está mi hermano? Es Giovanni Galindres Guerrero —pregunta una chava con voz angustiada.

Luis también sufre por no tener buenas noticias para ella ni para quienes llaman después, como los familiares de Mauricio Ortega Valerio, *el Espinosa*. Nervioso y angustiado, a todos dice: «Prometo que les llamo apenas sepamos algo».

Ya tienen una lista y el recuento les preocupa: faltan 57 compañeros (días después la lista depurada será de 43). Son los que se llevaron detenidos, más otros que no contestan sus teléfonos; nadie los ha visto en varias horas. «¿Habrán podido huir? ¿Dónde estarán? ¿Habrán comido? ¿Los estarán torturando?» Las preguntas los llevan a un abismo de terror y, para empeorar las cosas, los burócratas sugieren en tono misterioso que «tal vez los entregaron al crimen organizado...».

Cerca de las 5 de la tarde se reúnen con el secretario general estudiantil y los abogados Manuel Olivares y Vidulfo Rosales.

—Fuimos a checar en todos los lugares donde pueden estar y no los encontramos. Les preguntamos a los municipales y dicen que no saben nada.

Incrédulos, desesperados, los estudiantes naufragan. «¡Cómo puede ser! ¡Cómo que no saben nada si ellos se los llevaron!» Envían a una segunda comisión a recorrer las calles, porque más temprano así encontraron a varios.

—¡En algún lugar tienen que estar! ¡Busquen, compas!

En una camioneta blanca se dirigen hacia Rancho Viejo,

en los límites de la ciudad. La operadora policial recibió una llamada; dijo que alguien los vio por allá. Los muchachos tardan en dar con el lugar y bajan del vehículo: «¡Paisas! ¡Compas!», gritan al pie de los cerros verdes, recubiertos de árboles. Buscan cerca de la central de autobuses. Tampoco están ahí pero les informan que existe otra terminal. Van y vuelven sin noticias, más preocupados aún.

—Todo indica que están desaparecidos— informa uno de los abogados.

A *Carlos* lo paraliza el pánico. La mente está en cortocircuito: «¿Qué pasa? ¿Qué nos hicieron? ¿Qué nos están haciendo?»

Algunos conocen historias de desaparición forzada por razones políticas en los años setenta; otros han oído algún caso reciente, pero muchos no tienen ni idea de qué se trata. *Desaparecidos, des-aparecidos, d-e-s-a-p-a-r-e-c-i-d-o-s*. Repiten la palabra sin nombrarla.

Desaparecido suena a que no existe, ¡pero sus compañeros sí existen! Suena a que se fueron, ¡pero se los llevaron policías con uniforme! Y los otros, los que huyeron en la madrugada, ¿dónde están?

Sienten de nuevo las balas, la muerte de sus compañeros frente a sus ojos. El miedo los arrastra, y además viene la noche de nuevo. «Hay que irnos, paisas. ¡Vámonos! ¡Vámonos!», dicen algunos, mientras otros siguen intentando comunicarse a los números celulares de los ausentes. «¡No podemos irnos! ¿Y si andan por aquí y los tenemos que llevar?» Las opiniones son diversas pero el miedo es igual. «¡Nos van a agarrar otra vez! —insisten muchos—. ¡Vámonos, vámonos!»

Un par de autobuses recién llegados y dos Nissan Urvan los transportan hacia Ayotzinapa. Traumados, algunos no quieren subir a los camiones. Prefieren acomodarse en los microbuses; piensan que si algo ocurre, desde ahí resulta más fácil tirarse a la carretera o correr al monte.

Policías estatales los escoltan hasta la caseta de Chilpancingo. «A ver si estos cabrones no fingen un ataque y nos matan a todos», piensa *Uriel*. Pese al cansancio, no puede dormir y se altera ante cualquier ruido.

En la normal se respira angustia. Los alumnos no durmieron, tampoco comen. Desde la madrugada no reciben llamadas de sus compañeros, y cuando marcan nadie contesta. «Deben de tener sus teléfonos descargados», piensan para tranquilizarse.

El secretario general informó que no encuentran a muchos. Esquivan esa palabra, *desaparecidos*. «No puede ser, no puede ser. Los compañeros deben de estar escondidos, no deben de querer salir. Ojalá no los golpeen mucho».

Lo más difícil es recibir a los familiares. Padres, hermanos, tíos, esposas, padrinos, vecinos y amigos llegan con el rostro desencajado por la incertidumbre. «¿Dónde está mi hijo? ¿Qué sabes de él? ¡Dime algo!»

Cada vez hay más gente. Se quedan quienes esperan noticias y también los que ya vieron sanos y salvos a sus familiares. Es de noche cuando por fin llegan los vehículos que vienen de Iguala. Con la vista en el suelo descienden los muchachos vivos, que se sienten muertos.

«No se preocupen, todo va a estar bien», dicen sus compañeros al recibirlos. «No se preocupen, no se preocupen». Es tan inmenso el alivio de verlos como grande la angustia de constatar que faltan otros. No acostumbran expresar sus sentimientos, pero ahora se abrazan y lloran hermanados.

Los familiares tiemblan. Revive quien encuentra a su muchacho.

—¿Cómo estás? —le pregunta a *Francisco* su padre mientras le busca heridas en el cuerpo.

—Bien, bien.

—¿Iván? ¿Dónde está Iván? —lo secunda su tío Margarito.

—No sabemos —responde en voz baja. ¡Cuánto duele ese no saber! La desesperación brota en sus ojos.

Don Margarito parece no respirar mientras observa a los que todavía descienden del camión. Hay muchos padres y madres como él, con la mirada clavada en la puerta, pálidos, recorriendo los rostros en busca del que anhelan.

No baja nadie más, pero ellos siguen firmes. Miran fijo a esa puerta. Aguardan.

Desesperados, suben al autobús. Revisan detrás de los asientos, debajo, en el baño... Hurgan en el vacío.

DOS

HORAS ETERNAS

¡DESAPARECIERON
A NUESTROS HIJOS!

. . . .

TODO ES SILENCIO EN LA NORMAL RURAL DE AYOTZInapa. Ya no hay risas ni gritos; se han suspendido los juegos en la cancha de basquetbol.

Al centro del campo, un altar con flores y veladoras concentra las miradas. Esperan padres, amigos, parientes y compañeros de 43 estudiantes desaparecidos hace ocho días, el 26 de septiembre de 2014. Son hombres de campo con huaraches y sombrero; otros, albañiles y comerciantes. Señoras con mandiles de cuadritos cargan bolsas con algo de comida. Algunos dormitan sentados mientras otros mantienen los ojos abiertos y el rostro tenso. Éstas, las primeras horas, se hacen eternas.

Sin respuesta sobre los jóvenes desaparecidos, la cancha se transforma en el tamaño de su angustia. No se conocen; tampoco saben si sus hijos eran amigos, pero están juntos. Algunos hablan, platican sobre sus muchachos o de su pueblo. Otros no cruzan palabra.

—No estamos aquí porque no tengamos nada que hacer. ¡Desaparecieron a nuestros hijos! —se eleva la voz de un hombre.

—Uno de los desaparecidos es ahijado de mi papá y nosotros venimos a apoyar a las familias —explica Ericka
Dirciu; su esposo, Alberto Rosas, también decidió pasar el domingo en Ayotzinapa—. Porque esta escuela es el
símbolo de Tixtla. Hace un año se inundó el pueblo y los
únicos que ayudaron fueron los normalistas y la policía
comunitaria. Los únicos.

Entre sorprendido y preocupado, Manuel Martínez
dice que ya no tienen «dónde acomodar a la gente, duermen en aulas y cubículos». Es joven y fuerte, usa camisetas
de futbol y un sombrero de paja, como muchos paisas de
por aquí. Es maestro egresado de esta escuela y ahora tiene
a un sobrino desaparecido.

En el centro de la cancha, manos expertas hacen caricaturas de Ángel Aguirre y José Luis Abarca con la leyenda
Asesinos. En grandes letras rojas, sus mantas exigen *¡justicia!* Los encabeza el *profe Amateco*, encargado del taller
de arte.

Hay mucha gente pero nadie eleva la voz. Se respira un
denso silencio.

Alguien comenta lo que vio en la tele, otro trae un periódico, y así llegan pedacitos de una historia todavía confusa. Los atormentan preguntas sin fin. Sólo tienen dudas,
ninguna certeza.

Rumores y declaraciones abonan el enojo contenido, el
agobio. Los padres de los desaparecidos y sus compañeros
se indignan cuando el alcalde de Iguala asegura que no
supo nada de los ataques porque estaba «bailando al ritmo
de la Luz Roja de San Marcos». Más rabia les da enterarse
de que está prófugo.

El gobierno de Guerrero no responde y el presidente
Enrique Peña Nieto declara: «Que el gobierno del estado asuma su propia responsabilidad». El secretario de

Gobernación, Miguel Ángel Osorio Chong, le resta importancia: «Es un asunto del ámbito local». Algunos familiares no reparan en el desprecio de las autoridades; otros se indignan y exigen que el gobierno, ya sea el de Iguala o el federal, responda. «Son los mismos cabrones, se encubren entre ellos.»

Anochece, y la mayoría de los periodistas se retiran. «Hay que evitar la carretera en la noche porque Guerrero está bien caliente», bajo control del narco y sin autoridades confiables. Aunque se tomen precauciones, no hay garantías; son tiempos difíciles para la prensa, víctima de asesinatos y ataques cada vez más frecuentes.[13]

Silencio del campo; sólo se escuchan perros que ladran, grillos y árboles. Algunos familiares se acomodan en salones mientras otros siguen inmóviles en las sillas con los ojos abiertos.

Con la primera luz del día empieza el trajinar. «Pásele, ya está caliente el café», ofrece amable una de las mujeres que cocinan en grandes ollas. ¿Hay alguna novedad? En el radio dijeron que el gobierno encontró fosas con 28 cuerpos y el procurador insinúa que pueden ser de los muchachos. La noticia corre como reguero de pólvora. Se juntan familiares y normalistas. Hablan a puerta cerrada, aunque el pavor atraviesa los muros. Se indignan algunos, lloran otros; la noticia es devastadora.

Los veo y recuerdo a mis abuelos, Gregorio y Ester, después de la desaparición forzada de mi madre y mi padre. En estos padres los veo a ellos. Son iguales. Tienen la misma mirada extraviada, pelean igual contra los pensamientos,

---

13   Cada 26 horas se registra una agresión en contra de la prensa, según el estudio «Estado de censura», elaborado por la organización no gubernamental Artículo 19 y difundido el 24 de marzo de 2015.

brincan igual de la esperanza al desconsuelo en un solo instante.

Tener a un familiar desaparecido es vivir en un abismo de dudas. A veces quieres saber la verdad y otras prefieres seguir en esa duda que te lastima al mismo tiempo que te mantiene en pie.

—El gobierno asegura que los cuerpos son de los muchachos —dice un familiar, y eleva la voz—: ¡No puede ser! Hay que ver bien, no les creo a ellos.

Deciden que lo peor es quedarse esperando y los normalistas alistan autobuses para salir. Son más de 300 personas.

Más enojados que tristes, bajan en la Autopista del Sol, una de las carreteras más importantes del país, que une la capital con el puerto turístico de Acapulco. Se instalan a la altura de Chilpancingo. Los familiares se mantienen al margen mientras los estudiantes y algunos maestros hacen cortes intermitentes que desquician los planes de locales y turistas.

—Quién sabe a qué hora abran, yo mejor me siento tranquilo —deja caer un borracho que va rumbo a Acapulco para seguir la fiesta. En una tiendita ordena una cerveza «*pal* calor».

El concreto arde, el sol pega sin piedad. Los normalistas se mantienen firmes. Son muchachos y muchachas con el rostro cubierto. «Nuestros compañeros están desaparecidos. Aquí les damos información», dicen a cada carro que dejan pasar lentamente mientras entregan una fotocopia con un relato de los hechos.

«Acudimos a varias instancias: al Ejército, a barandillas en la Policía Municipal, y nada; a hospitales, y nada; al Servicio Médico Forense, y nada. Entonces ¿qué está pasando?», reclama en improvisada conferencia de prensa un estudiante que dice llamarse Diego Genaro Mesa. Bajito, moreno y de hablar firme, responde las preguntas que le hacemos Gloria Muñoz Ramírez y yo. Apunto su nombre confiada, para más tarde enterarme de que los normalistas suelen dar una identidad falsa como medida básica de seguridad.

—Fueron los policías municipales; incluso tenemos los números de las placas de las patrullas —empieza a recitar indignado—: la 017, la 018, la 020, la 021, la 022, y la que más anduvo contraatacando a nuestros compañeros normalistas fue la 302.

Diego Genaro se indigna:

—Nada más están jugando con los padres de familia y no se vale, porque es un dolor tan grande el saber que un hijo está desaparecido. Queremos que nos digan si los están buscando, porque la verdad ya van nueve días y nada. Para nosotros tal vez un día es corto, pero un segundo para nuestros compañeros desaparecidos es eterno.

Una manta recién pintada ocupa un carril. «Justicia. Vivos los llevaron, vivos los queremos», dice en letras de molde rojas y negras. La sostienen cinco muchachos que usan sus propios cuerpos como postes. Bajo el sol, sus rostros están tensos porque pasan los días y sus compañeros no aparecen. Sabían del rencor que existe en contra de su escuela, pero esto… ¿qué es? Esquivan a la prensa pero ni así pueden esconder su preocupación. Cualquiera de ellos pudo ser el desaparecido.

Me estremece verlos. Por cómo ha sido mi vida, sé que todo cambia el día en que entras al abismo de la desaparición forzada. Ya no eres la misma persona; tampoco tus proyectos ni tus sueños. Las preguntas nunca se van: cada vez tienes más. Los dolores no amilanan: se arraigan. La ausencia ocupa demasiado lugar.

Ellos ya están dentro del abismo, esa manta lo comprueba. «Vivos se los llevaron, vivos los queremos», una frase que repetimos desde hace cuarenta años. Nos aferramos a ella, nos sostiene, y otras veces nos empuja. Ellos se ven fuertes pero demasiado jóvenes para empezar a cargar con esa manta.

—¿Quiénes son ustedes? ¿Quiénes estudian en Ayotzinapa? —les pregunto en medio de la carretera.

—Somos hijos de campesinos, de obreros, somos del proletariado. No tenemos recursos para solventar una carrera costosa en una escuela privada —responde *Diego Genaro,* y caigo en cuenta de que eligió llevar el nombre de Genaro Vázquez, uno de los guerrilleros más conocidos de la historia de México—. Somos un estandarte de lucha. Cuando vemos que no hay movilización, la hacemos.

Manuel Martínez asiente. No sólo busca a su sobrino; también él estudió en Ayotzinapa y defiende esa escuela en cuerpo y alma.

—El gobierno siempre ha tratado de golpearla. Tal vez porque aquí los jóvenes tienen conciencia social. La molestia es porque van a concientizar, a despertar a la gente, y al gobierno no le conviene que la gente despierte. Los maestros de Ayotzi van a comunidades pobres. Adonde otros no quieren ir, ellos van.

—¿Usted dónde enseña?

—¿Ve aquel cerro? —señala montañas más allá de Chilpancingo, donde se sabe que hay peligro seguro por los plantíos de marihuana y amapola—: allá doy clases.

Llegan tres camiones y una camioneta del Ejército atiborradas de militares. Se estacionan a unos metros. Pasan cinco minutos y nadie se mueve hasta que un grupo de normalistas, casi sin hablar, con puras miradas, organizan el avance. Van hacia los militares y los rodean.

«¡¿Qué hacen aquí perdiendo el tiempo?! ¡Váyanse a buscar a nuestros compañeros!», gritan. El reclamo sube de tono mientras algunos golpean los vehículos militares, impecables y equipadísimos. Los soldados no responden ni bajan la mirada. Los muchachos siguen golpeando hasta que el Ejército da marcha atrás.

No se conforman. A toda prisa suben a más de diez autobuses que están estacionados cerca: son camiones de lujo y pertenecen a las líneas Estrella Blanca y Costa Line. Los reporteros foráneos no entendemos de dónde salieron hasta que los colegas locales nos explican que es costumbre de los normalistas tomar camiones privados con todo y chofer para moverse a sus actividades. Lo hacen sin armas ni violencia: hay un diálogo directo y un acuerdo con las empresas.

La caravana frena en la caseta de Palo Blanco. Los muchachos bajan a toda velocidad, se mueven con pericia. Cada quien va a lo suyo: unos toman las casetas, otros se despliegan en puntos estratégicos; los más aventados destruyen cámaras de seguridad, pegan fotografías de sus compañeros desaparecidos y, aerosol en mano, pintan en cuanto espacio libre encuentran. *Vivos los queremos, Ayotzi vive, Gobierno asesino,* en muros, banquetas y vidrios, mientras los empleados observan desde las oficinas y se mantienen al margen. La situación es violenta pero nadie se ve asustado, como si nada pudiera salir de control, como si supieran exactamente qué sigue. Los periodistas locales nos ayudan a entender: «Aquí vienen seguido, cada vez que hay un problema. Siempre toman esta caseta».

Reporteros y fotógrafos podemos grabar y hacer entrevistas en medio del desmadre; no nos limitan.

—¿Por qué rompen? —pregunto.

—Porque hay indignación —responde tajante uno de ellos.

También las chicas actúan: son normalistas de otras escuelas del país y llegaron para solidarizarse.

Los familiares de los desaparecidos sólo observan, pero a Manuel Martínez el coraje le brota por toda la piel.

—¡Ya pasaron nueve días, y si de verdad los quisieran encontrar ya lo hubieran hecho. No podemos decir que estén buscando ¡porque ellos se los llevaron! ¡El gobierno sabe dónde los tienen, en qué casas! ¡Que los entreguen!

Si las autoridades secuestraron a los estudiantes, ¿a quién van a pedir ayuda? ¿A quienes se los llevaron? ¿A quienes encubren el crimen? Nada apacigua el dolor, y aparece la rabia.

TODO PASÓ,
NADA PASA

. . . .

ES MIÉRCOLES 8 DE NOVIEMBRE. DECENAS DE MILES DE personas protestan en ciudades mexicanas y en otros países, pero aquí es un día cualquiera. Las taquerías siguen abiertas durante la noche y en los bares suena música a todo volumen. Tampoco cesa el movimiento en calles, tiendas y plazas. Coches y motos van y vienen, los niños con sus uniformes escolares se resguardan del calorón y buscan la sombra. Todo parece normal en Iguala de la Independencia, una ciudad de 118 000 habitantes en el estado de Guerrero.

Sin embargo, en las últimas horas la rutina se interrumpió por la llegada de periodistas mexicanos y corresponsales extranjeros. Henry Romero, de la agencia Reuters, es de los primeros en llegar. El gobierno encontró fosas clandestinas en las que se especula que podrían estar los cuerpos de los 43 normalistas desaparecidos el 26 de septiembre.

Reporteros, fotógrafos y camarógrafos destacan con cámaras, tripiés y micrófonos, buscan informar sobre el caso de Ayotzinapa, que es noticia mundial. Algunos se instalan en la plaza porque «da más imagen». Camiones con antenas satelitales que parecen ovnis se estacionan en el centro y transmiten el desfile constante de patrullas de todos los colores, relucientes y dotadas con lo último de la tecnología armamentista. Pertenecen a la flamante Gendarmería, a la Policía Federal y Estatal, al Ejército Mexicano, y de repente también a la Marina. Llevan las luces encendidas en pleno mediodía y cargan hombres encapuchados armados a más no poder. Dan vueltas alrededor de dos plazas céntricas y recorren las principales avenidas.

Es lo que se ve de la gran búsqueda publicitada por el gobierno. Los carteles para alertar a la población son escasos. Camino junto a mi compañero Miguel Tovar, fotorreportero de la agencia Getty Images, y contamos cinco avisos alrededor de la iglesia, tamaño carta, impresos en blanco y negro con letras pequeñas que apenas permiten leer los nombres de los estudiantes desaparecidos.

«¡Paula, vente para acá!», me avisa por teléfono Arturo Cano, enviado del periódico *La Jornada*. En la explanada de la Presidencia Municipal hay muchas personas formadas, equipaje en mano. Son los policías de la ciudad, agentes de seguridad y de tránsito.

Están vestidos de civil. Traen maletas y bolsos, cobijas atadas con cordel y cajas que adentro llevan comida. Algunos usan lentes de sol. Hay quienes miran al piso, pero muchos sostienen la cabeza en alto.

Con gritos que se oyen hasta la siguiente cuadra, los policías federales pasan lista. El convocado da un paso al frente y queda a la vista de familiares, vecinos y periodistas. Toma sus cosas y, ante cámaras que registran cada gesto, avanza hacia el autobús que lo llevará al estado de Tlaxcala. Por orden del gobierno, los agentes de Iguala pasarán allá 45 días en un «curso de adiestramiento». «¡Esto es un circo!», critican algunos periodistas en voz baja.

Al pie de un autobús, María Rodríguez llora por su hija, Isis Yesenia Herrera Rodríguez, policía municipal desde hace tres años. Me dice:

—Tengo miedo. El gobierno no entiende. Tengo miedo de no volver a verla —seca sus lágrimas y recobra fuerza—: ¡Mi hija no estaba ni siquiera de turno cuando secuestraron a los estudiantes!

Roselia Galán, madre de Freddy de la Fuente Galán, me cuenta que su hijo se metió a la policía en el año 2006 «por falta de empleo». Entre los agentes, varios consultados dan la misma razón. Margarito Estrada, un hombre alto y fornido de cuarenta años, me explica que lleva «seis años como municipal porque es una fuente de ingresos para mi familia. Así sé que cada quince días voy a recibir mi pago». No rehúye la entrevista aunque está «un tanto desconcertado». Lo acompaña su madre. Llora mientras le pasa un bolso y una caja de cartón con su nombre escrito a mano:

—Que te vaya bien, hijo. Vas a descansar de Iguala.

Castigo para unos, alivio para otros, vivirán temporalmente lejos de *la maña,* nombre popular para referirse al crimen organizado que domina pueblos enteros, empezando por la policía. Dejarán esta ciudad ahora invadida por gendarmes, militares y policías de otros lugares.

SOMOS PUEBLO

POR LA CARRETERA LIBRE LLEGA A IGUALA UNA LARGA CA-
ravana de camionetas de redilas. «Somos pueblo, ¡pueblo!»,
gritan los hombres mientras los revisan policías y militares.
«Venimos a buscar porque el gobierno no hace nada».

Viajan a cielo abierto. Son cerca de 600 personas, integrantes de la Unión de Pueblos y Organizaciones del Estado de Guerrero (UPOEG), con presencia en 17 municipios;
campesinos y trabajadores que en sus comunidades tomaron las armas para defender a los suyos, integrantes de
un movimiento que empezó hace casi dos décadas y que
ahora, por sus propios medios, quieren encontrar a los 43
desaparecidos.[14]

Llevan un día viajando porque vienen de lejos. Hombres

14   Las policías comunitarias son organizaciones fundadas en usos y cos-
tumbres, reconocidas por la ley 701 del estado de Guerrero. Desde 1996 se
agruparon en la Coordinadora Regional de Autoridades Comunitarias,
que sigue funcionando hasta hoy, y después surgieron también otros grupos, como la Unión de Pueblos y Organizaciones del Estado de Guerrero y la Policía Ciudadana y Popular. En años recientes, tiempos de insegu-
ridad y avance del crimen organizado, cada vez más pueblos tomaron las
armas para defenderse. Las policías comunitarias crecieron exponencial-

de piel morena, calzan huaraches o botas. Gregorio, un anciano con poncho en los hombros, sólo trae una linterna. Los demás llevan morrales, pequeñas mochilas y bolsas de plástico. Los comandantes y promotores, sus autoridades, tienen radios para comunicarse.

—Lo que le pasa a un compañero nos pasa a todos —dice a los periodistas Crisóforo García Rodríguez, encargado del grupo. Ocho de los 43 desaparecidos nacieron en sus comunidades. Son sus hijos, sus sobrinos, sus ahijados y los hijos de sus vecinos.

—¿Cuántos helicópteros tiene el gobierno? ¿Y dónde están? ¡Es mentira que la muerte de uno de nosotros duela al gobierno! —reclama un señor alto que sólo revela su apodo, R-6.

Siete personas los esperan en la carretera. Siete en una ciudad de 118 000.

—Soy cuidador de ovejas —dice Genovevo Benítez, un hombre mayor con la ropa sucia por el trabajo. También hay dos jubilados. Uno de ellos se llama Clemente Gerardo, es maestro y tiene como sesenta años. Explica que son bienvenidos porque los militares y policías «no buscan a los muchachos; no se meten ni siquiera en las calles de tierra».

—Eso pareciera más un circo que una búsqueda —apunta Ester Araceli González, profesora chaparrita y frontal—. Escuchamos que venían los comunitarios, salió en los medios, y venimos a solidarizarnos. Los mexicanos vivimos una situación de dolor tan fuerte que toca apoyar con lo que se pueda. Somos humanos, somos sociedad, y la calidez hay que demostrarla cuando se requiere.

---

mente, pero la expansión no ha sido bien vista desde el gobierno, que ha encarcelado a varios líderes e integrantes.

—¿Por qué son tan pocos? ¿Por qué aquí no hay una búsqueda ciudadana? —le pregunto.

—El miedo es el factor número uno en Iguala. Tenemos miedo de salir a trabajar, miedo de que los hijos vayan a la escuela… Aquí sales, pero no sabes si regresas.

La frase retumba en mi memoria porque en los últimos años, en mi trabajo como periodista, la he oído en estados como Michoacán, Tamaulipas y Veracruz, zonas de narcotráfico, muerte y desaparición. Dos años atrás, en Nuevo León, con idénticas palabras me respondió Letty Hidalgo, madre de Roy Rivera Hidalgo, un estudiante desaparecido en Nuevo León.

Es de noche cuando los comunitarios llegan a la Universidad Autónoma de Guerrero. Les abren puertas de aulas y salones vacíos porque afuera, lo saben bien, estarían en la boca del lobo. Rondan los *halcones* del narco, personas que se detienen a mirar para luego pasar información a sus jefes. Son muchos y lo hacen con descaro. Por eso en el portón que da a la calle hay doble guardia: un policía comunitario y alguien nacido en esta ciudad.

A cuentagotas, muy emocionados, llegan vecinos y docentes. Sin importarles que los fichen los *halcones,* traen una olla con café, un par de garrafones con agua de sabor y una gran canasta de pan dulce. Hoy será la cena de los comunitarios.

Un profesor de nombre Lucas Pita Flores sube a un macetero y pronuncia un encendido discurso sobre normalismo, autoridades, narcotráfico y solidaridad más allá del miedo.

—¡Fuera los políticos corruptos! ¡Exigimos la salida de todos los policías municipales y de tránsito! ¡Todos son miembros de la organización Guerreros Unidos!

Miguel Ángel Jiménez, comandante de la UPOEG,

encabeza la búsqueda que empezará a la mañana siguiente. Lo conozco desde hace meses. Es un hombre movido y bromista, coordinador del grupo y promotor de la participación de mujeres en las policías comunitarias.

En un rincón de la escuela me cuenta que las amenazas en su contra se han intensificado, pero de todas maneras saldrá a los cerros de Iguala. Nueve meses después, el 9 de agosto de 2015, lo asesinarán en el estado de Guerrero.

MARCHAR, GRITAR, ESPERAR
Y VOLVER A MARCHAR

. . . .

«¡VIVOS SE LOS LLEVARON!», GRITA UNA PERSONA. «¡VIVOS los queremos!», contesta una multitud. Son miles de maestros, amas de casa, artesanos, jornaleros, empleados, indígenas y policías comunitarios. Acompañan a familiares y normalistas en una manifestación por Chilpancingo, capital del estado de Guerrero. Han salido a las calles desde los primeros días y cada vez reúnen a más gente.

«¡También están marchando en Londres! ¡En Venezuela! ¡Hay protestas en otros países y en la ciudad de México», arengan docentes desde la camioneta con parlantes que encabeza la manifestación. Las noticias sobre la solidaridad en otros lugares alimentan las esperanzas mientras el dolor se ahonda. Cerca de 30 policías están detenidos; se halló una fosa clandestina con 28 cuerpos pero los muchachos siguen desaparecidos. Han pasado dos semanas sin una sola certeza.

Ya no les basta con interrumpir el tránsito de la carretera: ahora la ocupan y caminan sin pausa bajo un sol insoportable mientras los periodistas avanzamos dando tumbos.

Hasta adelante va Manuel Martínez y la prensa ya lo identifica. Acepta una breve conferencia de prensa. «¡Tienen que entregar a los jóvenes con vida! No nos interesan las versiones de las fosas clandestinas porque entre los 28 cuerpos aparecieron dos de sexo femenino. No pueden ser ellos porque no iba ninguna mujer.» El dato del cuerpo de mujer sorprende a muchos: «¿Sí escuchaste? ¿Lo sabías? Hay que confirmarlo».

El primer contingente avanza en silencio. Son madres, hermanos, esposas, padres, abuelos, tíos. Entre ellos, una muchacha, papel en mano, grita uno por uno los nombres de los 43 desaparecidos. «Benjamín... Christian... Felipe... Giovanni... Jhosivani...», dice con toda su fuerza. «¡Vive!», responden los familiares, y es lo único que dicen. «¡Vive!», con dolor. «¡Vive!», con rabia. «¡Vive!», con gritos ahogados. «¡Vive!», entre lágrimas. «¡Vive!», con los ojos cerrados.

—No puede ser que estén muertos, ¡no puede ser! No puede ser que haya sucedido una desgracia tan grande porque Martín es un jugador de futbol, ¡un muchacho sano! —dice con voz entrecortada Elizabeth Torres Sánchez, prima de Martín Getsemany Sánchez García, un jovencito de veinte años que cursaba el primer año para ser maestro rural—. Estaba estudiando en el Tecnológico pero dijo que su vocación era ser maestro y por eso se metió a la normal. Como sus papás son de muy bajos recursos no quería causarles un gasto más y eligió esta escuela porque es totalmente gratuita.

—¿Qué les han contado los demás estudiantes? —pregunto.

—¡Que a Martín se lo llevó la policía! Uno de sus compañeros vio que lo subieron a la patrulla y eso es peor, ¿por qué no dicen dónde están si se los llevó la policía? Es desconcertante, es desconcertante —repite la mujer sin dejar de caminar—. No sabes ni qué pensar. Ahora desconfías de quienes deberías confiar, nuestras autoridades. En vez de sentirte protegida por un policía ahora te sientes agredida.

Vienen del municipio de Zumpango. Marchan con camisetas idénticas que dicen «Los Sánchez». Cargan dos grandes mantas con la foto de Martín. Desde ahí, él mira con ojos rasgados. A pocos metros, una mujer llora sin cesar mientras camina. Sostiene una cartulina color anaranjado fosforescente escrita a mano: «Queremos de regreso a Alexander Mora Venancio».

Ella no quiere hablar pero una muchacha toma valor y me dice:

—Yo soy hermana de Abel (García Hernández) —señala una fotografía del muchacho flaquito y moreno, de boca ancha y mirada serena. Se parecen mucho—. Queremos que el gobierno dé la cara y nos comprenda; queremos encontrarlos vivos. No sabemos nada, nada. Por eso estamos aquí, queremos una respuesta siquiera.

A Verónica García Hernández le ganan las lágrimas. La suple una jovencita que camina a su lado, Susy. Me dice que la desaparición forzada de estos 43 jóvenes es posible «porque somos gente pobre. La mayoría son campesinos y algunos son indígenas; no pueden ni traducir (al castellano)».

Levantan la cabeza para decir con orgullo que Abel y ellas son indígenas mixtecos. Nacieron en el municipio de Tecoanapa. Creen que el gobierno «no quiere que los estudiantes suban y aprendan a desarrollarse porque no quiere que los indígenas se defiendan, porque quiere que sigan en la marginación».

¡Porque el color de la sangre jamás se olvida!
Los masacrados serán vengados.
Vestidos de verde olivo,
políticamente vivo.
No has muerto, no has muerto,
no has muerto camarada…,

gritan los estudiantes de Ayotzinapa con entonación extraña, el cantadito típico que hacen los alumnos de las 16 normales rurales del país, escuelas estigmatizadas por pobres y revoltosas.

Los chavos de Ayotzinapa se tiran en el piso. Delinean su cuerpo con aerosol de pintura negra. Trazan su silueta y al levantarse dan el toque final: una marca roja en el corazón. Una herida. Un disparo. El cuerpo del sobreviviente se convierte en el cuerpo del ausente. Son los mismos.

Llevan más de tres horas bajo el sol cuando entran al centro de Chilpancingo y las voces retumban en calles estrechas. Dos señoras abren la cajuela de una camioneta repleta de botellas de agua para repartir. Otras mujeres pusieron una mesita, regalan mandarinas y naranjas. Pero también muchos bajan apresurados las cortinas, cierran los negocios cuando la marcha se acerca.

Con sus aerosoles, los normalistas no perdonan a cuanto Oxxo o tienda de franquicia encuentran a su paso. *Justicia,* escriben con grandes letras cursivas en una pared.

Han recorrido la ciudad de punta a punta. Llegan a la plaza principal, donde no hay más infraestructura que un carro encendido para que funcione un altavoz.

Cuatro muchachos fornidos toman el micrófono. Se acomodan en círculo, hombro con hombro. Sus rostros están tensos, se les marcan las venas de la frente y parece que el pecho se les abrirá en cualquier momento. Emocionado grita uno y con la misma emoción responden los demás.

> Daniel vive y vive.
> La lucha sigue y sigue.
> Julio vive y vive.
> La lucha sigue y sigue.
> César vive y vive.
> La lucha sigue y sigue.

Son los nombres de sus compañeros asesinados en Iguala. Los vieron morir y gritan muy fuerte, como si así pudieran traerlos de vuelta.

IGUALA,
ENTRADA AL INFIERNO

UN ANCIANO Y DOS HOMBRES BAJAN DE UN TSURU BLANCO destartalado. Con paso lento entran a una casa junto a un taller mecánico, sobre la carretera federal número 95 Iguala-Chilpancingo.

Es un edificio de una planta con muros blancos y techo de teja. Enfrente hay un poste altísimo con un cartel que indica «Servicio Médico Forense-Semefo». Es el lugar donde se resguardan los cadáveres encontrados en la zona, y hasta aquí llega Iraís Roa Román, un jubilado de 68 años. Parece sostenerse sobre un montoncito de papeles que trae en las manos, dentro de un fólder manila.

—Mi hija se llama María de Jesús Roa Martínez. Tiene cuarenta años. Vendía pollos aquí, en la colonia Los Reyes. Desapareció el 10 de diciembre, se la llevaron a las 11 de la mañana en plena calle, en una camioneta roja con tres hombres. Nos lo contó la gente pero nadie quiere declarar.

Habla en voz baja. Le duele cada palabra.

—¿Cómo haré para saber de ella? Su pregunta retumba en cada uno de los presentes. Bajamos la mirada. El silencio nos atraviesa, se hace más grande. Silencio horrible que nada puede llenar, silencio invadido por el olor a formol que clava cuchillos en la cabeza: olor a laboratorio escolar, olor a farmacia vieja, olor a muerte.

—Llamamos a la policía del estado pero ni nos visitaron siquiera —lo acompañan sus dos hijos y asienten con pesar—. Ya les perdimos la fe. Lo único que hemos recibido son llamadas. Dicen que son del Ministerio Público pero hablan desde un celular —muestra los números en su pequeño aparato—. Quieren un millón, ¿y de dónde vamos a sacar tanto dinero? —pregunta llorando—. Yo soy jubilado de la Secretaría de Salud, gente de trabajo, y tuve que irme de mi casa por las amenazas.

Iraís y dos de sus ocho hijos llegaron al Semefo con la esperanza de saber qué pasó con María de Jesús; quieren la verdad aunque duela.

El padre llora mientras el encargado trata de convencerlo de que vuelva a recurrir a las autoridades. Le dice que la familia debe dar muestras genéticas porque sólo así podrían identificar una osamenta. A media explicación llega otro grupo:

—Venimos a buscar un cuerpo. Desapareció el 10 de marzo —dice una joven con un fólder en la mano, acompañada de otras muchachas y algunos hombres.

La escena se repetirá de nuevo en un par de horas. Familias enteras desfilan por el servicio forense de Iguala.

Diecinueve fosas clandestinas se descubrieron en esta zona durante las últimas dos semanas. La noticia está en boca de todos. Despierta esperanza en muchos dolientes: es la posibilidad de encontrar una respuesta, por terrible que sea, a la tortura constante que es la desaparición forzada.

En un momento de calma, el responsable del Semefo nos concede una entrevista a varios reporteros. Sanjuana Martínez lanza preguntas sin tregua. Yo digo poco; me cuesta pensar: hace demasiado calor y me perturba el olor a formol.

—Iguala vive cambios drásticos. Cada vez es mayor el número de levantamientos masivos —nos informa recargado en su escritorio. Detrás, un título con su nombre certifica *Técnico en necropsia y embalsamador,* pero pide no divulgar su identidad «porque estamos en riesgo». El Semefo es en realidad una empresa privada que presta servicios al Estado ante la falta de instalaciones oficiales.

Las necropsias han sido el sustento de la familia durante tres generaciones. Aunque su abuelo y su padre se dedicaron a lo mismo, este hombre cuenta que nunca habían vivido algo similar. Tienen más trabajo, las ganancias son mejores, pero el presente le da tristeza.

—Es un escenario que no quisiéramos. Yo soy de aquí, y éste era un lugar muy tranquilo, la verdad; hace dos años que se descompuso.

Nunca como en el 2014.

—En abril primero fueron encontrados 9 cuerpos. Luego, en mayo, 19 en esos mismos cerros. Después 25 en otros cerros camino a Taxco, y 28 más son 53, más otros 28… es decir, 81 en lo que va de este año (enero-octubre), sin tomar en cuenta los que aparecen de a uno o de a dos. Así están las cosas.

Suena el teléfono. «Dígame, perito (silencio). ¿Cuántos? (silencio). Okey, ahorita nos vamos».

Cuelga el aparato y explica:

—Otro cuerpo. Muerto por arma de fuego en Teloloapan —que está a 64 kilómetros; llama a un trabajador para ver cómo ir a recoger el cadáver porque las camionetas están en otros servicios.

Retoma la plática, cuenta detalles sobre las primeras fosas encontradas ocho días después de los ataques con restos que según rumores eran de los normalistas. Precisa que las fosas fueron cinco y no seis, como informó la prensa. «Había 28 cráneos, pero no todos los cuerpos estaban completos. Nos entregaron 28 bolsas».

—¿Eran 28 cuerpos o 28 bolsas?

—Eran 28 cráneos.

Los cadáveres estaban encimados sobre «capas de vara y algo inflamable que usaron para prenderles fuego». No estaban completos: «se encontraron partes quemadas, fragmentos óseos con restos de tejido en estado de maceración, tejido descompuesto». Algunos tenían «orificios de arma de fuego». Balazos en el cráneo, la marca de la ejecución.

Calcula que llevaban entre una semana y diez días fallecidos, pero no se atreve a asegurar si pertenecen a los normalistas: «eso les toca a los antropólogos forenses».

Preguntamos sobre el hallazgo del cadáver de Julio César Mondragón, el muchacho a quien le arrancaron los ojos y la piel del rostro antes de matarlo. Responde impávido:

—A las 9 de la mañana nos reportaron otro cuerpo a unos quinientos metros de donde fue la balacera. Era el joven desollado. Lo mataron con un golpe en la cabeza y le hicimos la necropsia. Vino su esposa a reconocerlo.

Me perturba su tono, lo siento indiferente. Me enojo pero intento entenderlo cuando nos explica que «hace dos, tres años, a quince kilómetros de aquí desollaron a otras tres personas».

De tierra y angostas son las calles en Las Parotas y Pueblo Viejo, barrios pobres en los límites de Iguala, al pie del Cerro Gordo. Las casas están hechas con madera, láminas de zinc y ladrillos de varios tipos: rompecabezas que crecieron cada vez que se pudo, cada vez que hubo recursos. Perros flacos ven los carros pasar. Gallinas, burros y chivas andan en los patios, que se confunden con campo.

Desde aquí, a unos quince minutos a pie por estrechos senderos, se llega a las primeras seis fosas que encontraron en estos días, con 28 cuerpos. Preguntamos a lugareños sobre la noche del 26 de septiembre pero bajan la cabeza, no contestan o sólo dicen «Yo no vi nada», «Nos acostamos temprano y no escuchamos».

—¿Nunca oyeron nada?

—No sé. No sé nada.

—¿Tienen miedo?

—Yo no le debo nada a nadie, no tengo por qué tener miedo. Pero ahora que están policías y militares nos sentimos más tranquilos.

Tiene unos veinte años. Arrulla a su hija recién nacida dentro de una casa sin puertas ni comodidades, la última antes del sendero hacia las fosas. Ahí viven él, su esposa, la bebé y dos muchachos, hermanos de la pareja. Todos trabajan pero apenas les alcanza para sobrevivir, por eso en la cocina también venden refrescos, cervezas y golosinas.

A unas pocas cuadras de allí, en el vecino barrio Lomas del Zapatero, arranca otro camino de terracería que conduce a más fosas. Hay que andar unos veinte minutos en carro y luego otros diez minutos a pie por senderos poco transitados.

Somos cinco periodistas en estos cerros donde el silencio perturba. Sabemos que tal vez caminamos sobre cuerpos y que no estamos a salvo porque es zona bajo control de *la maña*, pero necesitamos ver con nuestros propios ojos. Un colega de Iguala trata de guiarnos por teléfono, pero la tarea es compleja y la señal se corta. Intentamos seguir sus instrucciones, continuamos andando.

Los cerros son verdes y hermosos. Están cubiertos de árboles y plantaciones de maíz que hacen música cuando sopla el viento. Bajo un cielo azul radiante todo es maravilloso... hasta que en el piso aparecen pantalones sucios, una bota tipo texana, las hilachas de una camisa, una cobija empolvada, sandalias de mujer de tacón bajo y zapatitos de niño. Son rastros del horror. Los seguimos entre huizaches y arbustos espinosos; llegamos a un lugar donde la tierra es blancuzca. Se ve removida. El inconfundible olor de la muerte invade el vergel.

Botellas de refresco, restos de comida, latas de atún y cerveza aparecen ahora en el piso: es basura que dejaron los policías mexicanos. Las fosas son huecos cuadrados y rectangulares, no muy grandes, donde horas atrás se escondían cuerpos humanos. Son pequeñas. ¿Cómo se mete a un ser humano aquí? ¿Quiénes eran? ¿Cómo murieron? ¿Quién los mató? Las preguntas son infinitas y la tierra no da respuestas.

Miguel Tovar y Sanjuana Martínez toman fotografías mientras Elpida Nikou y Rodrigo Hernández graban video. Sólo puedo mirar. Siento tranquilidad frente a las tumbas, aunque sean clandestinas. Otros reporteros también llegaron hasta acá y me parece bueno. No sé quiénes eran las personas enterradas y tal vez nunca lo sepa. Tal vez nunca sean identificadas ni su familia pueda despedirse de ellas, pero al menos ya no están tan solas en este rincón donde las escondieron.

MISERIAS

. · . · . · . · . · . · . · . · . · . · . · . · . · . · . ·

EN EL AUDITORIO DE LA NORMAL ENTREVISTAMOS A OMAR, sobreviviente de Iguala, cuando entra Melitón Ortega, familiar de uno de los desaparecidos, y le pasa un celular al estudiante, que activa el altavoz.

—Yo estoy dispuesto a ayudarlos. Estoy en el estado de Hidalgo. Le comenté ayer que necesitaba un pequeño apoyo para estar en comunicación con ustedes.

—¿Cómo le hacemos? —pregunta *Omar* haciéndose pasar por familiar para que el interlocutor se explaye.

—Necesito 500 pesos para moverme y mantenerme en comunicación con ustedes. Quinientos pesos por todo, no por desaparecido, por todo. Les voy a decir adónde se van a mover ustedes. Necesito esa mínima cantidad para realizar mi trabajo. Me lo envía a una tienda de Elektra. Lo que quiero, como dice el dicho, es que dejen de sufrir, que dejen de esperar a que les den resultados. Usted sabe que las autoridades no se mueven sin dinero. Necesito 500 pesos, nada más.

—Los estudiantes ya no nos hacen caso.

—Precisamente por esos motivos les estoy ofreciendo

mi apoyo, para que ya no sigan con el sufrimiento. Yo los entiendo, los quiero ayudar.

—¿A qué nombre le enviamos el dinero?

—Envíalo a nombre de Agustín Lugo Mera, Progreso de Obregón, Hidalgo.

—Pero asegúrenos que vamos a encontrar a nuestros hijos.

—Claro que sí, lo aseguro, les garantizo mi trabajo.

Respiramos hondo cuando termina la conversación. El rostro afligido de Melitón se ilumina. Opina que tal vez sirva de algo depositar los 500 pesos que pide el extorsionador. Alto costo para familias de campesinos, porque 89% de los agricultores mexicanos obtienen menos de 200 pesos por jornada de trabajo, según estadísticas recientes.

Omar se indigna. Cuenta que la extorsión se ha vuelto moneda corriente desde el secuestro de sus compañeros. Se enoja con el recuento de las personas que juegan con su dolor.

—¿Te acuerdas del tipo que llegó anoche? —me pregunta, y caigo en cuenta de otro extorsionador que apareció alrededor de las 11. Vestía jeans, botas y sombrero, como muchos por este rumbo.

No todos piden dinero a los familiares de los 43: otros lo ofrecen para pagar silencio, comprar conciencias y calmar las aguas.

—Me ofrecieron darme una casa y un millón y medio de pesos —me cuenta Celso Gaspar, padre de uno de los desaparecidos, Emiliano Alen Gaspar de la Cruz; es campesino, siempre vivió con poco, pero ni siquiera dudó—. Con ese dinero no podría comer contento.

Negro, uno de los sobrevivientes de Iguala, dice que nunca dio su dirección real pero tres veces llegaron a la casa de su familia «de parte de Aguirre» (gobernador cuando ocurrieron los ataques). Les ofrecieron dinero sin explicitar el monto, aunque sí la condición:

—Me dijeron: «Te vamos a dar una buena cantidad de dinero si vas a Chilpancingo a declarar en contra de Ayotzinapa. Te vamos a poner en otra escuela, vas a estar muy bien y te vamos a apoyar con lo que desees».

A la casa de Marisa Mendoza, viuda de Julio César Mondragón Fontes, también llegaron personas que dijeron ser del gobierno del estado de Guerrero. Le dejaron un cheque de 5000 pesos que nunca entendió si fue ayuda o amenaza, porque tampoco había hecho público su domicilio.

Berta Nava platica conmigo debajo de un árbol. Es la madre de Julio César Ramírez Nava, uno de los tres normalistas asesinados en Iguala la noche del 26 de septiembre. Morena, de cabello lacio cano y peinadísima, lleva una apretada blusa rosa y los labios pintados. En las manos tiene un teléfono con las fotografías de su muchacho, su tesoro.

«Mi flaco», dice al hablar de Julio César, con amor desbordado. Me enseña una fotografía de él muerto. La imagen parece aliviarla, como si se reencontraran por un instante. Me ve sorprendida pero insiste:

—¡Mírelo! Está tranquilito, su cara limpia, como dormido —habla con dulzura. Nos mantenemos en silencio mientras lo vemos y lloramos juntas.

Seguimos viendo otras fotos: Julio César solo, Julio César sonriendo, Julio César con su sobrina. La niña tiene dos años y lo espera de regreso porque no se atreven a decirle que su tío ya no vive.

Berta me cuenta que ha trabajado toda la vida y así sacó adelante a sus tres hijos:

—Yo era madre y padre a la vez. Para mí nunca hubo domingos.

Casi siempre ha sido empleada doméstica pero también lava y plancha ropa ajena. Levanta la voz al recordar el momento en que recogió el cuerpo de Julio César. La trataron con inusual respeto y diligencia.

—Todo, todo se nos agilizó, ¡qué raro!, cuando siempre nos están poniendo trabas. Nos llevaron a la Procuraduría (del Estado de Guerrero) para declarar; nos atendieron bien; los trámites de papeleo fueron de volada. La carroza, todo nos dieron en bandeja de oro para lavar sus culpas, pero ¡¿para qué queremos bandeja de oro?! ¡Lo que queremos es tener a nuestros muchachitos!

Ahí le ofrecieron dinero a cambio de declarar en contra de los demás estudiantes. El segundo intento fue indirecto: la abordó un conocido de la ciudad de Tixtla para entregarle recursos «de parte del alto gobierno» de Ángel Aguirre.

—Tómelo como un seguro de vida —insistió el emisario.

—Lo siento. Yo no tengo precio, mi hijo no tenía precio —fue su respuesta.

NORMAL RURAL

· ·

FUEGO DE ANTORCHAS ILUMINA LAS LETRAS ROJAS GARI-
goleadas. «Ayotzinapa, cuna de la conciencia social», dice
el muro blanco en la entrada a la Escuela Normal Raúl Isidro Burgos. El fuego se mantiene encendido en estas noches en las que nadie quiere ni puede dormir.

El portón de hierro negro sólo se abre bajo autorización,
después que muchachos y muchachas de la guardia con-
sultan al encargado de los permisos.

Varias personas armadas están distribuidas afuera y
adentro. Usan capucha y uniforme beige. Cargan fusiles
automáticos, rifles de campo y también machetes gastados
porque llevan años trabajando la tierra. Son integrantes de
la Policía Comunitaria de Tixtla: artesanos, campesinos,
vendedores y maestros que resguardan a su pueblo en las
horas libres, al salir del trabajo. Ahora también se ocupan
de Ayotzinapa. Aquí pasan la noche en vela.

—Desde que nos avisaron de la situación decidimos
plantarnos aquí para cuidar a los muchachos, porque podrían venir a atacarlos. La noche del 26 estuvimos hasta
las 9 de la mañana y posteriormente en guardias venimos
a diario. Estamos para el respaldo total. Nosotros vamos

a lo que los muchachos y los padres digan. Hay solidaridad, porque de esta escuela salieron nuestros maestros y de ahí van a venir los próximos —explica una mujer joven y corpulenta. Tiene el rostro cubierto y una gorra que la identifica como comandante regional. Pide que la llamen Tory.

Al otro lado del portón el movimiento sigue hasta la medianoche pero es discreto. Sólo se oyen pasos y frases breves. «¡Hey, Tlapa!», «¡Tú, Chilango!», «¿Dónde está Acapulco?» Los chavos, que vienen de distintos lugares, se nombran por su lugar de origen. Desde 1926, jóvenes de todo el país han tenido en este internado una oportunidad educativa, aunque la mayoría de los alumnos son de Guerrero.

Después de Iguala, algunos no pudieron con el miedo y regresaron a sus pueblos. A otros se los llevaron sus padres a la fuerza.

—A mí me vinieron a sacar, pero me les escapé y regresé —cuenta *José*, de primer año, sobreviviente. No quiere abandonar el barco en pleno temporal.

Pasaron varias semanas desde el 26 de septiembre y parecería que ningún normalista duerme desde entonces. *Uriel* apenas logra conciliar el sueño a ratitos; los primeros días diez días no pudo ni apoyar la cabeza en la almohada. Sigilosos, recorren el terreno, refuerzan las guardias. No tienen radios ni equipos de comunicación: sólo pequeñas linternas con las que dan señales. Un destello breve, dos seguidos, uno más largo… todo un lenguaje que sólo ellos entienden.

Pocos metros delante de la entrada está uno de los edificios más antiguos, el símbolo de este lugar: una construcción en forma de v con dos niveles, muros de piedra y grandes ventanales semicirculares. Era el casco de una hacienda hasta que ésta fue expropiada por la Revolución Mexicana para cumplir con uno de sus preceptos: educar a los hijos de los campesinos.

En 1926 se fundó la Escuela Normal Rural Raúl Isidro Burgos, popularmente conocida como Ayotzinapa, una de las 32 academias de ese tipo que hubo en México, de las que sólo quedan 16 porque los gobiernos han ido cerrándolas.

El edificio tiene un salón grande, un auditorio de usos múltiples, oficinas de dirección y una biblioteca, que según los estudiantes «casi siempre está cerrada». En el patio hay un asta bandera sobre un pilar blanco de cuatro patas. Una placa rinde homenaje al guerrillero Lucio Cabañas, maestro egresado de esta escuela en 1963, y es el corazón de Ayotzinapa.

Una escalera descendente lleva a las instalaciones en donde viven y toman clases los cerca de 540 alumnos de la normal. Vidrios rotos, muros despintados y manchados, puertas sin cerraduras, dan cuenta del abandono oficial. Todo indica que de la Revolución a la fecha el Estado mexicano ha invertido poco en ella.

Los estudiantes llaman *cubis* a los espacios en donde duermen. Los de primer año comparten cuartos conocidos como *las cavernas:* son espacios de 3 por 3 metros. Sólo hay colchonetas, cartones y cobijas en el piso, ni una cama. En cada *cubi* dormían entre ocho y diez muchachos, pero ahora están semivacías porque 43 están desaparecidos y algunos desertaron.

Los de segundo tienen habitaciones con dos y tres camas en edificios de baños compartidos. Se ven más modernos: son los que han ido logrando que se levanten después de temporadas de protestas.

Algo más de comodidad tienen los alumnos de tercer y

cuarto año. Viven en *las casitas,* tres o cuatro habitaciones que alcanzan para ocho muchachos, con un baño y área para lavar ropa. Cuentan con agua caliente, así que compañeros de otros cursos llegan a pedirles que los dejen bañarse.

Las camas son de hierro, con bases vencidas por los años. Algunos tienen armarios metálicos; otros improvisan estantes con huacales y tablones. Cada quien decora su espacio: hay imágenes del Che Guevara y de Lucio Cabañas, fotos de Lionel Messi y el FC Barcelona, artesanías, dibujos y recaditos de novias y familiares. Historietas orientales y un póster del abecedario en inglés y español cubren las paredes en el cuarto de *Camilo,* mientras que *Uriel* tiene una pecera y *Sobrino,* en su lugar pulcramente ordenado, tiene un pequeño refrigerador, varias conservas y su ropa.

«Nos podrán faltar los recursos pero nunca nos faltará la razón», dice un letrero en la pared junto a la cancha de basquetbol, que aquí, como en muchos pueblos de Guerrero, es el lugar de reunión.

Hay una cancha de volibol bastante destruida, talleres de pintura y laboratorios de computación. Más alejada, la cocina con el gran comedor —«que ganamos gracias a la lucha»—, donde sirven desayuno, almuerzo y cena. Las comidas son gratuitas, al igual que el alojamiento, las clases y dos uniformes, uno deportivo y otro formal. Aunque modesto, si tuviera costo todo esto sería inalcanzable para la mayoría de los alumnos.

Una calle arbolada lleva hacia una rectángulo con piso de cemento. Se usa para jugar al basquet y al futbol rápido. También ahí ensaya la banda de tambores e instrumentos de viento. Detrás, una antigua alberca con agua cristalina, donde igual nadan los estudiantes que los choferes de los autobuses *tomados.*

En los límites del terreno están los corrales para cerdos,

vacas y caballos, aunque algunos de los animales se escapan y andan sueltos. Por ahí mismo, las parcelas donde cultivan flores y verduras, los llamados módulos de producción. En los límites del terreno, un gran espacio vacío sirve de estacionamiento para camionetas y autobuses expropiados. No les gusta que la prensa se acerque.

Las paredes están cubiertas con murales cargados de historia y política. Un gigantesco guerrillero Genaro Vázquez Rojas ocupa una fachada completa con fondo turquesa. Con la misma estética, el subcomandante Marcos, líder del Ejército Zapatista de Liberación Nacional, y un Che estencileado con estrella roja en la boina que promete «Volveré y seré millones...» Rumbo a la cocina, una pintura más antigua al estilo de la Rusia comunista con la frase «Revolución socialista. Viva la unidad obrera, campesina, estudiantil».

Frases breves (y no tanto) ocupan rincones. «La educación y el amor a nuestra cultura e identidad nos llevarán a la libertad», escrito con letra regordeta en el vértice de un arco. Bajo una escalera, otro Che pequeño advierte: «Qué importa la vida de un hombre cuando está en peligro el futuro de la humanidad».

Pintan escenas que han marcado su propia historia, como el asesinato de dos estudiantes durante una protesta en la Autopista del Sol el 12 de diciembre de 2011. Están sus rostros sobre un fondo rojo perturbador y cruces de muerte.

Una construcción anuncia «Casa del Activista 12 de diciembre». Está recubierta de pinturas: un puño izquierdo cerrado, el rostro sonriente del Che Guevara, un Vladímir Lenin y un Lucio Cabañas con sombrero, camisa verde y un fusil en la mano. Debajo, una de sus frases más célebres: «Ser pueblo, hacer pueblo y estar con el pueblo». Los muros son de color rojo chillón, pero ahora es uno de los rincones más tristes de la escuela. Aquí vivían 20 estudiantes y 10 de ellos están desaparecidos.

Rumbo a la salida, un muro blanco resalta «Protestar es un derecho. Reprimir es un delito». Lo ilustra el dibujo de un policía, macana en alto, golpeando a una persona agachada. Hay dos personas recargadas en esa pared: son Hilda Legideño y Rafael López, madre y padre de Jorge Antonio y Rafael, dos de los 43 desaparecidos. Esperan su regreso.

TRES

BUSCARTE

LA COMANDANTA

· ·

HILDA CAMINA ENTRE CERROS DESOLADOS CUANDO VE una camioneta que levanta polvo. Su corazón se paraliza: pueden ser narcos y dispararle.

Acelera el paso, se pone en medio de la carretera y la camioneta frena. Adentro hay muchachos… ¡muchachos! El corazón comienza a latirle fuerte. ¡Muchachos!

¿Sería el día más feliz de su vida o la matarían en ese instante? Avanza unos pasos hasta llegar a la ventana de la camioneta. Por fin puede ver claramente el interior: ningún rostro es el de su hijo Jorge Antonio.

—Les empecé a preguntar. Les dije que andábamos buscando a los normalistas de la Ayotzinapa —tenía pocos segundos para actuar, controlar emociones y pensar, fijar en su memoria a los 43 muchachos, buscarlos dentro de la camioneta, contrastar las caras de estos jóvenes con los rostros de los carteles. ¿No será el de cejas pobladas? ¿El cachetoncito? ¿El flaquito de frente amplia? ¿El hijo de doña Isabel? ¿No es Adán, el de don Bernabé?

Cuántas dudas y cuán poco tiempo para detectar algo.

Hilda busca a los estudiantes vivos y, al igual que otros padres de familia, piensa que tal vez son forzados a trabajar para el narcotráfico. La misma sospecha ronda a los padres de miles de desaparecidos, al menos 26 000 desde 2007, según datos oficiales. Desde que el Estado empezó su llamada «guerra contra el narcotráfico» faltan miles de personas, en su mayoría hombres y mujeres jóvenes, ideales para sostener las entrañas de un negocio de dimensiones incalculables, porque el crimen organizado en México abarca al menos 23 delitos, que van desde el trasiego de drogas a negocios ilegales con medicamentos y discos pirata. Se cree, en efecto, que algunas de esas personas desaparecidas pueden estar trabajando como esclavos del crimen organizado, imposibilitados de fugarse, amenazados y aterrorizados.

—¿Ya vio que descubrieron un narcolaboratorio que tenía hasta elevador y túneles? Mi hijo es ingeniero; yo creo que lo deben tener trabajando en cosas así —me dijo una vez la madre de un desaparecido en Coahuila, en el norte del país.

Hilda sabe que cualquier encuentro puede ser crucial y le abruma la posibilidad de toparse con ellos sin darse cuenta, de no identificar una pista. Por eso memoriza los rostros; mira las fotos y las vuelve a mirar. Pide que le muestren los retratos a color que otros padres atesoran en sus teléfonos celulares. Se sienta con otras madres. «Cuénteme cómo es su chamaco. ¿Es alto? ¿Y de carácter?»

Se acaba el tiempo frente a la camioneta. Estuvo fijándose en «si se veían nerviosos, si ponían rostro de desesperación o si querían decir algo con la mirada. Pero no... Me dijeron que eran trabajadores, que estaban instalando algo para el agua. Por ahí la mayoría de los muchachos no estudian: se dedican al campo».

Nada nuevo, el hoyo se hace más negro y no queda más que seguir caminando entre cerros. Hilda y un grupo de padres recorren la región de El Valle, montañas verdes con

Vidas

LOS ESTUDIANTES DESAPARECIDOS, ASESINADOS Y HERIDOS EN Iguala son hijos de campesinos, albañiles, migrantes y trabajadores. Tienen mucho en común, pero cada uno de ellos habita un universo propio, construido por historias y sueños. «Vidas» es un esfuerzo por ponerles rostro e identidad.

Los delineamos a través de los recuerdos que de ellos guardan sus padres, esposas, hermanos, primos, hijos y amigos. Los nombramos a través de relatos pero también con imágenes que nos permiten verlos en la infancia, en sus momentos felices y con sus seres queridos; retratos que son breves ventanas a esos universos.

Agradecemos la generosidad de familiares y amigos de los normalistas de Ayotzinapa, quienes nos abrieron sus corazones en 73 entrevistas realizadas para este capítulo. Esperamos que estos relatos ayuden a derrotar la desmemoria y despierten el interés por conocer más sobre estas vidas, arrebatadas y suspendidas.

Ampliamos el número a 48 porque, además de los 43 desaparecidos, tres estudiantes fueron asesinados y dos gravemente heridos en Iguala. Son víctimas de los mismos delitos de lesa humanidad. Contar sus historias es un paso para arrancarlas de la impunidad.

Hablamos de los desaparecidos en presente porque se los llevaron con vida. Nombrarlos en pasado sería aceptar una muerte de la que no existen pruebas y con ello consentir que cualquier Estado pueda borrar a las personas, material y simbólicamente.

Van estos textos con ansias de sembrar memoria para cosechar justicia. Con deseos también de que los 43 desaparecidos y dos heridos muy pronto completen los capítulos con su propia letra.

ANA VALENTINA LÓPEZ DE CEA
y PAULA MÓNACO FELIPE

Abel
GARCÍA HERNÁNDEZ

CUANDO ERA NIÑO LE GUSTABA JUGAR a las canicas, correr por el río y perseguir a los burros. También jugarle bromas a su hermano. Cada vez que montaban juntos un caballo y el animal agarraba velocidad, Abel se dejaba caer al piso y arrastraba a Óscar, que, aunque primero se enojaba, siempre terminaba riendo. Ellos son muy unidos, tanto que muchos en su pueblo piensan que son gemelos.

Abel nació el 15 de junio de 1995 en el municipio de Tecoanapa, región Costa Chica del estado de Guerrero. Sus padres son campesinos y recogen leña. Tiene seis hermanos: tres varones, uno de los cuales emigró a Estados Unidos, y tres mujeres, una de las cuales murió. Es coqueto, siempre anda bien arreglado y tiene novia. Le gusta jugar al basquetbol; es fanático del estadounidense Michael Jordan. Su comida favorita es la cocolmeca guisada. Disfruta las caricaturas de Bob Esponja y pasar tiempo con sus sobrinos; ellos le dicen Nito, abreviatura cariñosa de *hermanito*. Dibuja mucho en su cuaderno, que es también una especie de diario personal. Habla mixteco y está orgulloso de su identidad indígena; por esa razón decidió estudiar la carrera de maestro bilingüe en Ayotzinapa. Decía: «No voy a sentir vergüenza nunca y voy hacer que nadie se burle de los que hablamos mixteco. Quiero enseñar a los niños para que sientan orgullo de su lengua, de ser indígenas». Su mamá, María Micaela Hernández,

entiende el castellano pero no lo habla. En su lengua natal le es-
cribió una carta que dice: «Hoy que no estás conmigo siento un
dolor tan grande que no puedo explicar con palabras. Creo que
mi corazón cada vez se hace más pequeño y poco a poco siento
cómo se va desgarrando dentro de mí».

Abelardo
VÁZQUEZ PENITÉN

CIRIACO VÁZQUEZ, SU PAPÁ, RESALTA orgulloso que Abelardo «nunca lloró para ir a la escuela ni hubo que presionarlo». Tanto le gusta estudiar que cuando los maestros hacían huelga o faltaban «él igualmente asistía a clase». En vacaciones, fines de semana y ratos libres, ayudaba a Ciriaco en el trabajo de albañilería. «Hacía el colado, la mezcla, arrimaba tabiques y preparaba castillos. Nunca se negó cuando le pedí ayuda». Con esfuerzo, su padre y su madre, Bernarda Penitén, le pagaron un curso de computación, que resultó muy útil porque mientras cursaba la preparatoria consiguió trabajo en la oficina de un grupo de ingenieros. Sus empleadores lo animaron para continuar preparándose y así decidió a entrar a la normal rural. La experiencia cambió su forma de ser: «Antes casi no hablaba, pero cuando entró a la escuela empezó a platicar con nosotros —dice su padre—. Nos contaba de Lucio Cabañas, del Che Guevara y otros luchadores. Nos explicaba lo que hace el gobierno y me pareció muy bien, porque yo no sabía nada de eso. Es cierto lo que nos decía, es la verdad. Por ejemplo, cuando fuimos con el presidente Peña Nieto nos prometió buscarlo, y hasta la fecha no tenemos respuesta». Nació en Atliaca, estado de Guerrero, y allí vivió hasta que se mudó al internado de Ayotzinapa. Mide 1.70 metros, tiene diecinueve años y dos hermanas mayores. Es el único integrante de su familia que ha podido empezar una carrera.

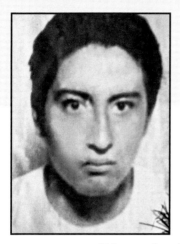

Adán
ABRAJÁN DE LA CRUZ

TENÍA APENAS CUATRO AÑOS CUANDO se aprendió completa la cumbia «El listón de tu pelo», del grupo Los Ángeles Azules. Bailaba y cantaba con gusto; así lo recuerdan su padre, Bernabé Abraján, y su madre, Delfina de la Cruz. Es de los primeros en salir a la pista cuando suenan cumbias y música romántica. Se anima en las fiestas familiares pero también participa en las mojigangas, desfiles carnavalescos con grandes muñecos que son tradicionales en muchos pueblos de México. Nació y creció en Tixtla, estado de Guerrero, donde su familia ha vivido por varias generaciones. Tiene dos hermanas menores, Agustina e Isabel. Fue un niño travieso y seguido lo regañaban en la escuela.

Le gusta el futbol, es seguidor de los Pumas de la UNAM y juega como lateral. No es muy talentoso, dice su papá, pero se esfuerza. Mientras estudiaba la preparatoria conoció a Erika. Compartían la pasión por el futbol y se enamoraron en las canchas, entre partidos y entrenamientos. En 2007 tuvieron a su primer hijo, José Ángel, un niño bailarín y travieso como su papá. Seis años después nació Allison. Adán interrumpió sus estudios por trabajar para mantener a la familia, pero después sus padres lo animaron a estudiar una carrera. Lo respaldaron por completo y así, en julio de 2014, logró entrar a Ayotzinapa. Para él significaba la oportunidad de darles a sus hijos una vida mejor.

Alexander
MORA VENANCIO

TODOS LOS DÍAS SALÍA VEINTE MINUTOS antes. Su padre le permitía terminar el trabajo más temprano que los demás para dar espacio a su gran pasión, el futbol. Alexander corría del campo a la cancha; nunca faltaba en la alineación de su equipo, Juventus. Era uno de los mejores jugadores en El Pericón, municipio de Tecoanapa, estado de Guerrero. Su posición, delantero. Su camiseta, la número 12. El amor por la pelota empezó cuando tenía seis años. Soñaba con llegar a la primera o segunda división nacional y era seguidor de los Pumas de la UNAM. Tenía cinco hermanos y uno de ellos lo apodó la Rocka, aunque en su casa también le decían Chander. De niño fue travieso pero más bromas le jugaban a él por ser xocoyote, como se llama en Guerrero al menor de los hijos varones. Su madre padecía diabetes y murió cuando él tenía catorce años. Cursó un año de la licenciatura en Desarrollo Regional pero no le gustó. Con el apoyo de su hermano Aníbal, que vive en Estados Unidos, optó por estudiar en Ayotzinapa para ser maestro rural de primaria. Por ser amiguero, no le costó integrarse a la vida del internado. Lo apodaron Randy, nombre artístico de un luchador estadounidense, porque una vez defendió a varios jovencitos cuando los molestaban otros más grandes. El 26 de septiembre de 2014, a la edad de diecinueve años, fue detenido / desaparecido en Iguala. Dos meses después, las autoridades mexicanas lo declararon muerto porque una muela y un fragmento de 4 centímetros de coxis fueron identificados como suyos, según pruebas genéticas realizadas en la Universidad de Innsbruck, Austria. El reporte oficial sostiene que los

restos fueron hallados en el río San Juan, municipio de Cocula, pero la familia Mora Venancio no confía en el gobierno y considera que Alexander sigue desaparecido. Ezequiel Mora recuerda su caminar presuroso; espera que su flaco regrese un día con paso ligero.

Antonio
SANTANA MAESTRO

«¿PARA QUÉ TE ENOJAS? SI ESTÁ SUCIO, LO limpias y ya», tranquilizaba Antonio a Wilbert, su hermano menor, porque es alguien que siempre busca soluciones y ve el lado positivo de las cosas. Inquieto y ocurrente, hacía que su abuela Brígida y Wilbert comieran con él siempre en rincones distintos de la casa. Dentro de su cuarto cambiaba todo sin pausa: ponía la hamaca, sacaba la cama y luego regresaba el colchón: así hasta el infinito. Antonio «es muy, muy inteligente —explica orgulloso Wilbert—; estudia poco pero le va bien, de todo sabe». Terminaba rápido sus tareas escolares y, aburrido, a escondidas completaba los libros de su hermano. Por su apellido y su inteligencia, los compañeros de salón lo apodaron Teacher. Antonio y Wilbert crecieron en el barrio de San Isidro de la ciudad de Tixtla, en el estado de Guerrero, junto a sus tíos y a su abuela, a quien le dicen *mamá*. Cuando eran niños pasaban la tarde en la calle, en bola con sus primos. Antonio nunca faltaba a los partidos de futbol; le gusta mucho ese deporte y juega en varias posiciones. Su familia lo llama El Grande porque a los nueve años comenzó a competir en categorías mayores; aguantaba, estoico, el desgaste físico y los empujones. Grita apasionado cuando ve partidos por televisión. Es seguidor del Pachuca y del FC Barcelona. Tiene un perro que se llama *Bobi*. Trabajó en el campo; también en una tortería, y vendió empanadas. Es impuntual. Le gusta salir a bailar y a las ferias. Sociable, se lleva bien con todos, platica hasta con quien no conoce. «¿Su comida favorita? ¡Todas!», responden entre risas sus familiares, porque Antonio es tragón. Su hermano cuenta: «Cuando íbamos por una torta, él comía tres o cuatro». Le gusta cocinar y lo hace bien, dice su abuela / mamá: «Hace tres salsas con chile; la más rica tiene aguacate. Yo siempre le pedía que me enseñara». El 16 de enero de 2015, ya desaparecido, cumplió 21 años.

Benjamín
ASCENCIO BAUTISTA

«¡YO SOY EL PATRÓN!», DECÍA BENJAMÍN, de siete años, a los albañiles que construían su casa. Les llevaba agua y los hacía reír con sus ocurrencias mientras su madre y sus hermanas cocinaban para todos. Tiempo inolvidable, cuenta su mamá, Cristina Bautista: «Éramos una familia feliz; fuimos muy felices al hacer nuestra casa». Cada ladrillo costó esfuerzo. El padre de los niños emigró a Estados Unidos en 1999 y nunca regresó. Entonces Cristina dejó a sus hijos al cuidado de los abuelos y también se fue de mojada con dos objetivos: mantenerlos y construir un techo para ellos. Fueron años difíciles para la familia. Benjamín y sus hermanas extrañaron a su madre, quien apenas tenía tiempo de llamarles y enviar dinero. Cristina trabajaba de 07:00 a 15:00 en la cadena de comida rápida McDonald's y de allí corría a otro restaurante, Burger King, donde laboraba desde las 17:00 hasta la medianoche. Así los siete días de la semana hasta juntar el dinero suficiente para construir la casa. Benjamín nunca le reprochó a su madre los años de distancia; más bien le agradeció el esfuerzo y siguió su ejemplo de trabajar sin pausa. Mientras vivían juntos, en Alpuyecancingo de las Montañas, él salía a las seis de la mañana a vender el pan que ella amasaba. Después trabajó en

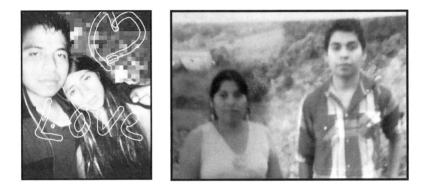

un comercio de teléfonos celulares y fue ayudante de albañil para pagar sus estudios de bachillerato. Luego fue instructor de la Comisión Nacional de Fomento Educativo, una institución pública que contrata a jóvenes para tareas de alfabetización en zonas rurales donde hay pocas escuelas. Benjamín dio clases de preescolar en Puente de Ixtla, municipio de Tecantenango, donde conoció a su novia, Angélica Rendón. Juntos descubrieron su vocación por la docencia. Es respetuoso y decidido. Le gusta leer, escribir y usar computadoras. Su sueño es ser maestro.

Bernardo
FLORES ALCARAZ

NARDO, COMO LE DICEN EN SU FAMILIA, tiene 22 años y tres hermanos. Cuando era niño le gustaba participar en la danza *El Cortés,* que reproduce la resistencia de los indígenas ante la conquista española y es típica de su municipio, Atoyac de Álvarez, en la Sierra Madre del estado de Guerrero. Tuvo dos perros y muchos gallos porque le gustan los animales. Si encuentra alguno herido nunca lo abandona: lo recoge y se las ingenia para curarlo. Aprobó las materias de primaria, secundaria y preparatoria con calificaciones de 8, 9 y 10. Creció feliz, rodeado de primos y amigos pese al terror que por años se vivió en su pueblo, San Juan de las Flores, donde uno de cada diez habitantes fue desaparecido por razones políticas en la década de los setenta. «Aquí todos tienen aunque sea un desaparecido en su familia», explica su madre, Isabel Alcaraz. Los perseguían por el solo hecho de ser parientes del maestro y guerrillero Lucio Cabañas Barrientos. Una noche, cuando Bernardo tenía siete años, el lugar se transformó en campo de batalla entre policías estatales y guerrilleros del Ejército Popular Revolucionario. Los balazos duraron varias horas, una madrugada eterna que él y sus hermanos pasaron a oscuras, escondidos debajo de una cama. Después de eso, les pedía a sus padres que se mudaran a otro lugar, pues temía ser desaparecido. Su vocación se divide entre la veterinaria y la docencia pero optó por estudiar en la normal rural porque le iba a permitir estar más cerca de su familia. En la escuela se integró al Comité de

Lucha. Sus compañeros lo llaman Cochiloco porque se parece a un personaje del cine mexicano que lleva ese apodo. Lo recuerdan jugando al basquetbol en equipo y probando puntería solo, una y mil veces frente al aro. Dicen que es noviero y alegre. Aunque tiene carácter fuerte, es simpático y a nadie le niega el saludo: más bien se detiene a platicar con todos. Habla mucho de su familia y le gusta sentarse debajo de un guayabo.

Carlos Iván
RAMÍREZ VILLARREAL

«¿CÓMO LE VAMOS A PONER AL RAN-cho?», preguntaba el Negro. «No sé, pero lo vamos a tener», respondía Iván con seguridad. Un rancho propio con sembradíos y ganado era el sueño de los primos; un sueño moldeado lentamente durante años de trabajo en el campo. Lo imaginaban cuando araban, sembraban, arreglaban corrales, arreaban animales y recogían leña. En su familia les infundieron el deber de estudiar y trabajar al mismo tiempo. Por eso, un grupo de entre diez y quince primos trabajaban la tierra al salir de la escuela. Se divertían mucho. Iván cantaba mientras perseguía a las vacas y disfrutaba de enlazar animales. Era muy bueno en esa tarea, y por eso

casi siempre ganaba el refresco que apostaban como premio. Nadaban en el río y, resortera en mano, cazaban iguanas que luego cocinaban sus mamás. Iván tiene veinte años. Es el tercero de cuatro hermanos, dos hombres y dos mujeres, aunque también se considera casi hermano de su primo, el Negro. Vivían en casas vecinas y compartieron todo desde que eran muy pequeños, cuando los padres de ambos emigraron a Estados Unidos. Creció en Cerro

Gordo Nuevo, una comunidad de 400 habitantes en el caluroso municipio de Ayutla de los Libres, Guerrero. Allá lo apodan Washo y es conocido por su talento para el futbol. Rápido y habilidoso, siempre jugó en la delantera. Su otro gusto es salir de fiesta a bailes y jaripeos. Al terminar la preparatoria empezó la carrera de ingeniero agrónomo pero la abandonó meses después. Siguiendo los pasos de su primo, se inscribió en la Normal Rural Raúl Isidro Burgos, donde lo apodaron Diablo porque es muy flaco.

Carlos Lorenzo
HERNÁNDEZ MUÑOZ

TIENE DIECINUEVE AÑOS. ES EL MAYOR de cinco hermanos, cuatro hombres y una pequeña de tres años que lo llama Calo. Nació y creció en Huajintepec, en la región central del estado de Guerrero. Su padre, Maximino Hernández, es albañil, y Carlos Lorenzo lo ayudaba seguido. Su madre, Soledad Muñoz, es ama de casa. Carlos juega futbol como portero. Todos los domingos participaba en la liga local ante la mirada de su familia, que siempre lo acompañaba a los partidos. Escucha hip hop y otros géneros musicales porque disfruta bailar. Cuando cursaba

la preparatoria definió su vocación docente. Aunque su padre soñaba con verlo ingeniero, le dio libertad para elegir y respaldó su decisión de ser maestro rural. Sus amigos le dicen Cuija y en Ayotzinapa lo apodaron Frijolito porque durante la semana de prueba, días de gran desgaste físico y poca comida, amablemente pidió permiso al encargado para repetir ra-

ción. El hombre se sintió desafiado en su autoridad, tras lo cual le sirvió un plato rebosante de frijoles con un kilo de tortillas y le ordenó: «Cómaselo todo usted solito, que no le ayude nadie». Durante los dos meses que estudió en la normal rural hizo muchos amigos. Todos lo recuerdan con cariño.

César Manuel
GONZÁLEZ HERNÁNDEZ

MANOLO ES CAPAZ DE IMITAR A CUALquier persona porque enseguida copia el tono de voz, los gestos y la forma de hablar. Las bromas son lo suyo: canicas dentro de las botas de su papá, chicles pegados en cualquier lugar o jalar las cobijas para despertar a la familia. Es un muchacho divertido aunque también respetuoso; a todos los trata de usted. Conoce cada canción de la Banda El Recodo y de otros grupos populares de música norteña: ése es su mundo. Siempre viste pantalones de mezclilla, botas vaqueras y cinturón ancho. Le gusta montar toros en el rodeo y correr carreras de motocicletas y de coches. Cada vez que sus tíos le prestaban un auto participaba en las carreras «de carcachas», una variante del automovilismo muy popular en su natal Huamantla, Tlaxcala. Aunque sus padres siempre trataron de disuadirlo, a Manuel le fascina toda actividad que implique adrenalina. Es amiguero y protector de los más débiles: seguido regresaba a su casa sin su chamarra porque se la regalaba a quienes no tenían. Le gustan los animales. Sabe domar caballos y tiene dos mascotas: un gato, *Tambor*, y una perra, *Lulú*. Su plato favorito es la sopa de mariscos, pero también adora la comida que guisa su abuela. Su madre, Hilda Hernández, es ama de casa y empleada de comercio. Su padre, Mario González, es herrero. Manolo estudió dos semestres de Abogacía en la Universidad Autónoma de Puebla pero la abandonó porque no era su vocación. Fue alfabetiza-

dor por dos años; enseñó a leer y escribir en Deacalco
y en El Carmen Tequestitla, estado de Tlaxcala. Sus
padres lo recuerdan siempre contento, sobre todo el
día que les dijo: «¿Saben qué? Les voy a regalar el título que quieren tener colgado en la pared. Ya estoy
en una normal, entré a Ayotzinapa».

Christian Alfonso
RODRÍGUEZ TELUMBRE

«¡LÚCETE con la falda! ¡No mires al público, mírame a mí como si me estuvieras retando!», enseñaba Christian a sus hermanas menores. Por las tardes hacía espacio en la sala de la casa: movía muebles, ponía música y zapateaba canciones tradicionales como «El zopilotito» o «La iguana». De niño Christian era tímido, pero su carácter cambió durante la adolescencia al integrarse al Club de Danza Folklórica de Tixtla. Clemente Rodríguez, su padre, recuerda el día que le confesó: «Cuando estoy bailando siento adrenalina». Tomaba clases y ensayaba a diario; así aprendió danzas de Jalisco, sones de tarima y varios ritmos típicos del estado de Guerrero. Christian tiene una hermana mayor, Carmen, y dos menores, Fabiola y Maribel. Su padre vende agua embotellada y su madre, Luz María Telumbre, tortillas de maíz que hace con sus propias manos. Su abuela, Cristi, trabaja sin pausa. La familia vive en la ciudad de Tixtla, en una casa con paredes de adobe y techo de teja. Las puertas están siempre abiertas: seguido entran parientes, vecinos y amigos. Cuando Christian era alumno de nivel básico, también llegaban compañeros a pedir ayuda con las tareas de matemáticas, para las que tiene facilidad. Le gusta estar en el pequeño campo familiar, cuidar a las gallinas y a los cerdos, regar la siembra y quitar malezas. «Quería ser agrónomo

—aclara su padre—. Si hubiéramos tenido dinero, hubiera podido estudiar esa carrera». Christian tenía diecinueve años cuando fue detenido/desaparecido en Iguala. Su cama sigue intacta desde entonces. Sobre ella están sus películas favoritas, chocolates, un camión azul de juguete, un libro, una camisa, una cobija y otros regalos que le dejan sus seres queridos.

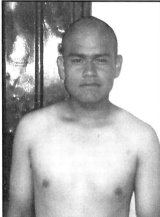

Christian Tomás
COLÓN GARNICA

APRENDIÓ A CAMINAR CUANDO TENÍA apenas diez meses —dicen sus papás— porque es muy inquieto. Es el más pequeño de cinco hermanos y en su casa todos le llaman Bebé. Nació en Tlacolula de Matamoros, estado de Oaxaca, un lugar de clima templado. Su familia tiene una parcela donde cultivan maíz, frijol y calabaza, aunque su padre, Juan Colón, también labora como jornalero en campos ajenos y construcciones. Su madre, Lucina Garnica, dice: «Es obediente y no tiene vicios, nunca lo vi con cigarro ni con una copa». Christian Tomás siempre fue aplicado para el estudio: «No es por presumir —cuenta su papá—, pero era de sacar ocho y nueve en el kínder, nueve y diez en la primaria. Cuando llegaba de la escuela, primero se ponía a hacer la tarea y recién luego comía». Sueña con titularse como maestro.

Ansioso, apenas empezó la carrera decía: «¡Ya quiero tener mis propios alumnos!». Tenía dieciocho años cuando entró a Ayotzinapa, donde lo apodaron Reloj porque era el único en su cuarto que tenía uno. Sencillo, regalo de su papá, era útil para todos sus compañeros. A cada rato se oía: «¡Hey, Reloj!», y él respondía «Doce y media… Dos treinta… Las cuatro…».

Cutberto
ORTIZ RAMOS

SUS compañeros lo apodan Komander porque lo encuentran parecido al cantante de corridos que usa ese nombre artístico. Lo recuerdan en las parcelas de siembra, donde le decían: «¡Hey, Komander, canta una rola!». Él se acomodaba con gesto de macho pero entonaba la música de la caricatura Bob Esponja y bailaba como niño. Cutberto es divertido y hace reír a los demás. Creció en San Juan de las Flores, un pueblo en la Sierra Madre del estado de Guerrero. La casa de su familia tiene muros de adobe y techo de tejas, consta de un cuarto con piso de cemento donde se acomodan los cuatro hijos y otro espacio con piso de tierra donde funciona la cocina a leña y duermen los padres, Cutberto Ortiz y María Arcelia Ramos. No hay agua corriente. La casa de su abuela Floriberta es el lugar de encuentro de una extensa y unida familia que conoce el dolor de la desaparición forzada. Cuatro tíos y el abuelo de Cutberto, Felipe Ramos Cabañas, fueron secuestrados y desaparecidos por militares mexicanos durante la década de los setenta: los persiguieron por ser parientes de Lucio Cabañas Barrientos, el más conocido guerrillero en la historia de México. En esos tiempos, el Ejército se llevó a unos treinta de los 300 habitantes del pueblo, quienes nunca volvieron. En sus primeros días como alumno de Ayotzinapa, Cutberto contó con orgullo que es sobrino nieto de Lucio Cabañas. Aunque no quiso integrarse al grupo de activistas, sus compañeros lo recuerdan participativo en las discusiones de formación política. Platicaba sobre carencias económicas, planes personales

y esfuerzo de sus familias por salir adelante. La familia de Cutberto tiene a dos generaciones desaparecidas pero no pierde la esperanza de que tanto él como su abuelo y sus tíos regresen pronto por los polvosos caminos que llevan a San Juan de las Flores.

Doriam
GONZÁLEZ PARRAL

ES BUENO PARA LAS MATEMÁTICAS. «Es muy inteligente. Participaba en la escuela y llevaba buenas calificaciones», explica su prima Marissa Gisleth Rivera, su compañera en secundaria y preparatoria. Lo recuerda con un lápiz en la mano porque todo el tiempo dibujaba animales y paisajes. Su padre, Aristeo González, cuenta que deseaba ser ingeniero civil pero la familia no tuvo recursos económicos para solventar la carrera. Optó entonces por el internado gratuito de Ayotzinapa para obtener un título profesional «y poder abrirse camino». Doriam es un muchacho serio y tímido. Su primo Oliver Rivera explica que no bromea antes de conocer bien a la gente, pero una vez que gana confianza es divertido. Le gusta ver películas. En el futbol sigue al Santos Laguna, un club que le llamó la atención por el éxito que obtuvo en años recientes. Junto a su hermana Leydi escuchaba música de reggaetón, intérpretes como el puertorriqueño Farruko. Tiene diecinueve años. Nació y creció en Xalpatláhuac, en el municipio guerrerense de Tecoanapa, un llano húmedo donde la mayoría de los habitantes son campesinos como los González Parral. Aristeo, su esposa Oliveria y los cuatro hijos viven de trabajar la tierra. Doriam, a quien sus familiares le dicen Andy, es muy unido con su hermano Jorge Luis, dos años mayor que él. Juntos ingre-

saron a la Normal Rural Raúl Isidro Burgos, donde lo apodaron Kínder, como acostumbran llamar a quienes son chaparritos.

Emiliano Alen
GASPAR DE LA CRUZ

CELSO GASPAR NO OLVIDA EL DÍA EN que su hijo lo curó. Se había dislocado un tobillo mientras trabajaba la tierra y el muchacho, sin saber de medicina, le acomodó el pie para evitarle más sufrimiento. En otra ocasión se interesó por aprender a inyectar. Buscó información en libros e internet hasta transformarse en experto. Ganó destreza; desde varios ranchos lo llamaban para vacunar y aplicar medicinas a vacas, caballos y otras especies. A Emiliano le gustan los animales, sobre todo los gallos finos. Tuvo muchos pero nunca los hizo pelear; los criaba porque disfrutaba cuidarlos y oírlos cantar.

EMILIANO
ALEN
GASPAR
DE LA CRUZ

tiene 22 años, es originario de Omeapa, fue desaparecido el 26-09-2014

¡VIVO LO LLEVARON, VIVO LO QUEREMOS!

La familia Gaspar-De la Cruz, compuesta por Celso, Natividad y cuatro hijos, es de Omeapa, un pueblo de 380 habitantes en el estado de Guerrero. Emiliano Alen nació prematuro y tuvo que permanecer en incubadora. Para pagar los gastos médicos, su papá emigró a Estados Unidos en busca de un mejor trabajo. Fueron tiempos complicados —cuenta Celso—, pero el dolor quedó atrás cuando el bebé, sano ya, le tomó la mano por primera vez.

Everardo
RODRÍGUEZ BELLO

CUANDO ERA NIÑO, EVERARDO ARmaba una batería con latas y la hacía sonar durante horas. Empezó a estudiar música a los diez años; eligió instrumentos de viento: trombón y saxor. Junto a varios primos y dos de sus seis hermanos, formó la Banda San Juan de Omeapa, que se presenta en eventos privados y fiestas de localidades cercanas. Su padre, Francisco Rodríguez, es oficial carpintero en obra negra. Como muchos trabajadores de la construcción, pasó largas temporadas fuera de casa, mudándose temporalmente al lugar donde lo contrataban. Por diez años vivió lejos de la familia, en la capital del país, y se reencontraban cada quince días. Everardo aprendió el oficio de su papá porque seguido le ayudaba: hacía tareas de cha-

lán de albañilería. Su familia y sus amigos le dicen Kalimba o Changuito. Es divertido y travieso. Le gusta el futbol: juega en la defensa. Disfruta caminar y por eso seguido andaba a pie los tres kilómetros de montaña que dividen a su pueblo, Omeapa, de la ciudad de Tixtla.

Felipe
ARNULFO ROSAS

PLATICAR CON AMIGOS, TOMAR ALGU-
nas cervezas y pescar camarones del río son sus planes favoritos
para pasar el tiempo. Felipe es serio, pero cuando entra en confianza tiene buen carácter. En Ayotzinapa bromeaba con sus compañeros durante la semana de prueba. Jugaban a lanzar barro y se
escondían para correr menos a la hora del ejercicio físico. Compartía cuarto con el Tigre y Abel García Hernández, también
desaparecido. Se divertían, eran felices juntos. Desde el jabón al
dinero, todo se prestaban mientras planeaban las vacaciones de
diciembre de 2014: Felipe invitaba a su casa, donde prometía darles de comer puras cosas ricas; el Tigre quería llevarlos a las playas
de Acapulco porque allá vive uno de sus hermanos. Felipe nació
en Rancho Ocoapa, una comunidad de 164 habitantes en la región
Costa Chica del estado de Guerrero. Allá lo apodan Lipe. Su hermana mayor, Librada, recuerda que cuando era niño le gustaba
jugar basquetbol, futbol y a las canicas. Mientras cursaba la primaria también trabajaba en el campo con su papá, Demián Arnulfo. Sembraban maíz, café, frijol y caña de azúcar. Para estudiar
la secundaria tuvo que mudarse a casa de sus tíos, en Ayutla de
los Libres. Durante las vacaciones y los fines de semana regresaba
a labrar el campo con sus padres. En la música le gustan grupos
como Los Temerarios y La Arrolladora Banda El Limón. Cuando
empezó a estudiar en la Normal Rural Raúl Isidro Brugos se interesó por incorporarse a la Rondalla Romance, uno de los talleres
culturales que ofrece la escuela. Tiene veinte años; habla castellano y mixteco.

Giovanni
GALINDRES GUERRERO

DE NIÑO ERA INQUIETO Y TRAVIESO; «siempre andaba con las rodillas peladas», cuenta su mamá, María Elena Guerrero. Giovanni nació el 19 de diciembre de 1995. Fue un bebé prematuro, pasó un tiempo en incubadora, pero luego creció bastante y sus familiares lo apodaron Gordo. Su madre es ama de casa y su padre, Alfredo Galindres, campesino y maestro normalista, egresado de Ayotzinapa. Tiene dos hermanas. Es celoso con ellas y les espantaba a cuanto novio llevaban a su casa en San José Poliutla, región Tierra Caliente del estado de Guerrero. «Yo las tengo que cuidar», argumentaba ante las muchachas, doblemente enojadas porque él es enamoradizo y noviero. Siempre estudioso, Giovanni fue escolta en todos los niveles de educación básica. Como premio a su buen rendimiento académico su papá le regaló una motocicleta al finalizar la secundaria. Ya sabía manejar: aprendió a los doce años, y poco después supo conducir automóviles. Cursó un semestre de agronomía en la Universidad Autónoma de Chapingo. Reprobó una materia y decidió cambiar de carrera. Optó por Ayotzinapa y le dijo a su papá: «Quiero ser maestro como tú, quiero ayudar a los jóvenes, ser alguien que sirva a la sociedad». En el internado lo apodaron Spider durante una madrugada de ejercicio físico. Recuerdan que les pedían cruzar sobre un charco con el cuerpo pegado a la tierra y Giovanni lo hizo con movimientos parecidos a los del superhéroe Spider-Man, el Hombre Araña. Tiene diecinueve años y una sobrina a la que aún no conoce.

Israel
CABALLERO SÁNCHEZ

LA MADRUGADA DEL 13 DE AGOSTO DE 2014 se conocieron Melanny y su papá. Israel escapó de Ayotzinapa durante la noche, cuando todos dormían, y llegó a su casa sin avisar. Entró corriendo y se detuvo frente a la bebé. Tan intensa fue su emoción que no pudo cargarla, sólo lloró. La niña nació el 5 de agosto pero Israel no pudo estar presente porque cumplía con el exigente periodo de ingreso en Ayotzinapa. Israel es de Atliaca, estado de Guerrero. Su padre era campesino y su madre ama de casa, una familia tan unida como trabajadora. Tiene tres hermanas que siempre lo han consentido. «¿Cómo no? ¡Si es nuestro bebé!», admite Lourdes, la mayor, con una gran sonrisa. Describe a su hermano como «guapo, inteligente y responsable; le hace honor a su apellido, es un caballero». Cuando asistía a la preparatoria, Israel conoció a Rocío Locena. Se enamoraron y decidieron formar una familia. Él trabajó en un restaurante para solventar gastos y se preparó físicamente porque quería ser militar, pero no lo aceptaron en el Ejército. Después intentó en la Normal Rural Raúl Isidro Burgos y regresó a su casa contento, gritando: «¡Pasé el examen! ¡Pasé el examen!». Desde entonces, cada vez más convencido, compartía con su familia lo que aprendía en los círculos de estudio. Les hablaba de política y de libros, de temas que antes no le interesaban.

Israel
JACINTO LUGARDO

ISRAEL Y SU HERMANO RICARDO cursaban la preparatoria cuando alguien les regaló una motocicleta vieja que ya no funcionaba. Israel la desarmó, cambió piezas y no descansó hasta que ese motor arrancó nuevamente. Le gustan las motos y también los automóviles. Curioso, disfruta desarmar y componer objetos, desde un vehículo hasta un teléfono. Durante su adolescencia trabajó como mecánico; también se ganó la vida labrando el campo y cargando ladrillos como chalán de albañil. Nació en el municipio de Atoyac de Álvarez, región Costa Grande del estado de Guerrero. Creció junto a su madre, Ernestina Lugardo, porque su padre emigró a Estados Unidos cuando era niño, mientras cursaba la primaria. Tiene cinco hermanos, dos mujeres y tres hombres. Es apegado a Ricardo, también estudiante de Ayotzinapa, aunque se lleva bien con todos. Seguido les inventaba apodos y ellos lo llaman Gordito. Quiso estudiar mecánica pero su padre insistió en que fuera maestro, pues significaba un mejor

futuro. Israel es cariñoso. Pasaba largas
horas en la cocina, platicando con su
mamá. Antes de mudarse al internado
le pidió «taquitos de carne molida, porque le gustan mucho».

Jesús Jovany
RODRÍGUEZ TLATEMPA

«A mí no me gusta que me regalen, me gusta ganarme las cosas», decía cuando era adolescente. De lunes a viernes y medio día del sábado trabajaba con su abuelo en el campo. Sembraban maíz, flores de margarita y celosia, popularmente conocida como terciopelo. También fue ayudante de albañil.

Divorciados sus padres, durante la adolescencia Jesús Jovany se hizo cargo de la casa. Pagaba su propia ropa, colaboraba en gastos cotidianos y a menudo invitaba a la familia a comer fuera. Contento, les decía: «¡Arréglense, que nos vamos a los tacos!». También llevaba a su mamá, Concepción Tlatempa, a pasear por Chilpancingo, al zoológico y a comprar en el tianguis. Jesús Jovany es de Tixtla, Guerrero. Su madre vende pan y verduras. Tiene dos hermanos menores, Itzayana y Víctor Alfonso. Se llevan bien, aunque Jesús Jovany a veces se enojaba con Víctor porque usaba su ropa sin pedirle permiso. Protege a Itzayana y adora a su sobrina, Danna Michell. Antes de estudiar en Ayotzinapa inició la carrera de Medicina en la Universidad Autónoma Latinoamericana Caribeña de Ciencias y Artes, con sede en Atliaca, Guerrero. Estaba entusiasmado pero la abandonó porque los títulos que otorgaba la institución no tenían validez oficial. Yiova, como le dicen cariñosamente en su casa, tiene 21 años. Le gusta tomar refresco y comer pan. Andaba por la ciudad en su bicicleta, color azul con plateado.

Jhosivani
GUERRERO DE LA CRUZ

A YOSI, COMO LO APODAN EN SU CASA, LE fascinan los animales. Desde niño atrapaba ardillas y zorrillos; los cuidaba por un rato para luego dejarlos en libertad. Quería ser veterinario, pero su familia, con el afán de protegerlo, no le permitió mudarse a la capital del país para cursar esa carrera. Ser maestro fue su segunda opción porque se lleva bien con los niños. Dedicaba mucho tiempo a sus sobrinos: dos hijas de su hermana Anayeli tienen nombres que empiezan con la letra J en honor a su tío favorito. Jhosivani es el menor de seis hermanos, muy apegados a su mamá, Martina de la Cruz. Su papá, Margarito Guerrero, emigró a Estados Unidos para mantenerlos. Regresó cuando Yosi tenía diez años y fue un momento difícil, pues prácticamente no se conocían. Tiene carácter fuerte. Es un muchacho reservado; pocas veces inicia una plática, aunque si otro empieza, él se engancha. Disfruta el ejercicio. Le gusta el basquetbol y más todavía el futbol. Es amigo de Everardo Rodríguez Bello, también desaparecido. Crecieron en Omeapa, Guerrero, y al terminar la preparatoria fueron juntos a la normal rural de Ayotzinapa. Doña Martina conserva el cuarto de Jhosivani tal como él lo dejó; guarda su ropa y los tenis nuevos que le regalaron sus hermanos mayores. Sus sobrinos cuidan el árbol de jacaranda que les encargó y don Margarito, hombre de sonrisa amplia, se entristece al nombrarlo. Se pregunta si su hijo sabe que lo están buscando.

Jonás
TRUJILLO GONZÁLEZ

JONÁS ES CORPULENTO Y BONACHÓN. Benito, su hermano mayor, lo describe como un muchacho risueño que nunca está amargado, y también sus compañeros de Ayotzinapa lo recuerdan con una sonrisa. Jonás es de la localidad El Ticui, municipio de Atoyac de Álvarez, Guerrero. Su padre es albañil y campesino. Desde que eran niños, él y sus cuatro hermanos ayudaban en el campo. Sembraban maíz y ajonjolí, tenían algunas vacas y su madre hacía quesos con la leche que ordeñaban. Jonito, como le dicen en su casa, disfrutaba pasar los ratos libres en el río y en el zócalo del pueblo, siempre rodeado de amigos, aunque también es noviero. En su infancia fue algo travieso. A veces lo regañaban porque se gastaba el dinero de los mandados en maquinitas de videojuegos. Le gusta hacer ejercicio, sobre todo correr y jugar futbol; es aficionado del club América. Sus comidas favoritas: mole y barbacoa. Siempre pasó mucho tiempo con

su hermano Benito. Entre ellos no había secretos y compartían todo, desde el cuarto hasta los amigos. Siguiendo sus pasos se inscribió en la Normal Rural Raúl Isidro Burgos. Durante la semana de prueba «estaba feliz», recuerda Benito. Él y sus compañeros lo protegían dándole comida a escondidas. Jonás tenía veinte años cuando fue desaparecido. El 29 de marzo de 2015 cumplió 21.

Jorge
ÁLVAREZ NAVA

A LOS DIECISIETE AÑOS, JORGE descubrió su amor por la música y el mundo cambió para él. Solo, sin maestro ni clases, aprendió a tocar la guitarra. Buscó información en internet y así logró interpretar canciones cada vez más complejas. «Le echó todos los kilos», cuenta su padre, Epifanio Álvarez, orgulloso por la tenacidad del muchacho. Como premio, su padre y su madre, Blanca Nava, hicieron un gran esfuerzo para regalarle su primera guitarra, que costó 3 000 pesos. En Ayotzinapa, donde lo apodaron Chabelo, era frecuente verlo tocar la guitarra debajo de un árbol de guayaba. Ahí les enseñó algunos trucos a varios normalistas, cuenta su compañero Patrón. Jorge nació y creció en La Palma, un pueblo de 1 600 habitantes en el municipio de Juan R. Escudero, región centro de Guerrero. Tiene dos hermanas mayores que lo consienten. Crecieron felices, aunque extrañando a su papá, quien emigró a Estados Unidos «para poder darles todo lo que yo no tuve cuando era chiquito», según él mismo cuenta. Trabajó en restaurantes de California y Pensilvania. Fueron difíciles esos años lejos de la familia, pero en cada retorno disfrutaban al máximo. Jorge padece sinusitis, que le causa intensos dolores de cabeza. Cuando era niño le gustaba andar en bicicleta y después se interesó también por las computadoras. Durante 2014, cada atardecer esperaba a su papá en la casa. Cuando Epifanio regresaba de trabajar, le decía: «Te voy a cantar una canción para que te relajes». Se sentaban juntos en el patio y Jorge tocaba la guitarra mientras oscurecía.

Jorge Aníbal
CRUZ MENDOZA

LE GUSTA MONTAR TOROS. CON ESPUELAS y chaparreras competía en jaripeos, concursos de doma que se realizan en muchos pueblos mexicanos. Lo hacía a escondidas de su familia hasta que lo descubrieron y, después del regaño, dejó de asistir al rodeo. Jorge Aníbal es de Xalpatláhuac, región Costa Chica del estado de Guerrero, donde le dicen Chivo. Es el consentido de su casa, el más pequeño de tres hermanos. Confidente con el mayor, Alan, a él contaba sobre sus frecuentes romances y pedía ayuda cada vez que se metía en problemas. Tiene diecinueve años y carácter fuerte. Su comida favorita es la cecina. Al terminar la preparatoria decidió estudiar en el internado de Ayotzinapa y se preparó físicamente durante dos meses. Aunque estaba fuerte porque jugaba futbol en un equipo de su pueblo, empezó una rutina de ejercicio junto a su primo Carlos. A las seis de la mañana

arrancaban desde Xalpatláhuac hasta el pueblo de Saucito, ida y vuelta, unas dos horas de recorrido. Durante la tarde repetían el itinerario pero sólo hasta la mitad. Mientras corrían, recuerda Carlos, se divertían discutiendo sobre qué música escuchar. Sin problemas pasó los exámenes de la normal rural y consiguió uno de los 140 lugares de la matrícula. Ingresó junto sus primos Doriam y Jorge Luis González Parral, quienes también fueron desaparecidos la noche del 26 de septiembre en Iguala. Jorge Aníbal quiere ser maestro para regresar a su pueblo y educar a los niños que viven allí.

Jorge Antonio
TIZAPA LEGIDEÑO

LE GUSTAN LA MÚSICA, EL BAILE, LAS fiestas, andar en motocicleta y ver caricaturas. «Es un niñote», lo describe su madre, Hilda Legideño. Jorge Antonio nació en Tixtla, estado de Guerrero. Cuando tenía cuatro años, su papá emigró a Estados Unidos para juntar dinero y construir la casa de la familia. Creció junto a su madre y sus dos hermanos, Carol e Iván. Había poco dinero y muchas carencias pero eran felices, recuerda Hilda. Ocurrente, Jorge Antonio siempre bromeaba y regresaba a la casa tocando el claxon de su moto: «¡Ami, ya llegué!» Quería estudiar psicología pero no tuvo recursos económicos suficientes para financiarlo. Su familia insistió en que siguiera alguna otra carrera, así que optó por magisterio en la normal rural, que es gratuita. Intentó entrar al terminar la preparatoria pero no pasó los exámenes. Meses después, el 30 de julio del 2013, nació su hija Ximena Naomi. Jorge Antonio tenía dieciocho años. Trabajó como chofer de combi para que la niña tuviera todo lo necesario: manejaba en la ruta Tixtla-Atliaca; se levantaba a las tres de la mañana y regresaba a la casa cuando ya era de noche otra vez. En 2014 por fin consiguió ingresar en Ayotzinapa pero no abandonó su trabajo; estudiaba y conducía la combi, doble esfuerzo para seguir manteniendo a su hijo. En la escuela lo apodaron Perezoso porque en un rato libre se quedó dormido sobre una piedra junto al río. A veces usaba la combi para enseñarles a manejar a otros normalistas. Uno de sus compañeros, a quien llaman Fresco, dice que Jorge Antonio es algo rebelde pero se lleva bien con todos. Platicador, lo recuerda hablando sobre su hija Naomi, preocupado por

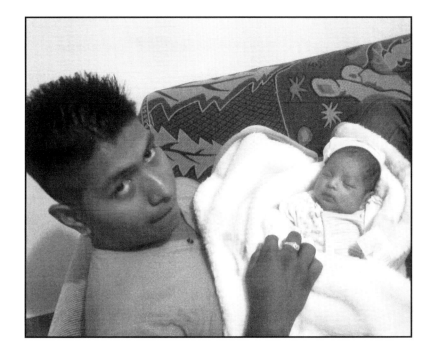

ofrecerle un buen futuro. Jorge Antonio es apegado a su mamá; seguido escapaba de Ayotzinapa para visitarla por algunos minutos. Le pedía comida, y luego la compartía con sus compañeros de la escuela. Su padre, Antonio Tizapa, reclama por él desde Nueva York. Su madre recorre países para exigir su aparición con vida. Su hermano Iván ingresó a la normal rural de Ayotzinapa; sigue sus pasos.

Jorge Luís
GONZÁLEZ PARRAL

«¡ADIÓS, SUEGRO!», «¡QUÉ GUAPO LE SA-lió su hijo!», le gritaban las muchachas de Xalpatláhuac a don Aristeo González, padre de Jorge Luis, un jovencito galán y muy noviero. «A mí no me molestaba: sólo le pedía que tratara bien a las mujeres», explica el hombre, campesino y ex boxeador. Jorge Luis es carismático, querido por familiares y vecinos. Segundo de cuatro hermanos, cuando era niño disfrutaba de pasar las tardes junto a sus primos, un grupo de diez a quince chamacos que se divertían pateando una pelota pero también transformaban en juego el trabajo conjunto en el campo. Su primo Oliver recuerda que un día Jorge Luis les cortó el cabello a todos. Había aprendido algunos trucos y al recibir de regalo una máquina, comenzó a practicar con la familia. Güicho, su amigo inseparable, lo describe como «alegre y desmadroso». Por años se divirtieron jun-

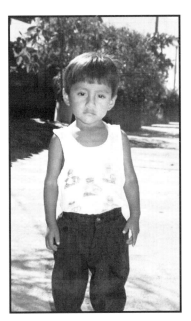

tos en el campo, en el río y en las fiestas del municipio guerrerense de Tecoanapa. A Jorge Luis, a quien apodan Charra, le gusta bailar, tomar cerveza, y en la música prefiere grupos como El Tri, Mago de Oz y Enanitos Verdes. Al terminar el bachillerato se mudó a Guadalajara y trabajó en taquerías. Quería estudiar Abogacía pero no tuvo recursos suficientes para hacerlo. Ser maestro, su segunda opción vocacional, también le entusiasmaba: tanto que convenció a otros once muchachos de su pueblo para ir juntos al internado de Ayotzinapa.

José Ángel
CAMPOS CANTOR

TAL ES SU PASIÓN POR EL FUTBOL QUE LE puso a su primera hija el nombre de su equipo favorito: América. José Ángel era niño cuando empezó a correr detrás de una pelota, aunque se dedicó por completo a partir de la preparatoria. Integró la selección de Tixtla, y varios equipos de la zona, como Vaqueros y Los Lochos. Su posición: delantero goleador. Tiene tres hermanos. Su madre, Romana Cantor, es ama de casa y vende elotes en la calle. Su padre, Bernardo Campos, es campesino y albañil. Pasaba mucho tiempo lejos, obligado a mudarse a las ciudades en donde conseguía trabajo. Sufrían la distancia y cada vez que regresaba eran días felices entre reuniones familiares y picaditas, tortillas de maíz hechas a mano con queso y chile encima. José Ángel y sus hermanos aprendieron albañilería junto a su papá. Entre todos construyeron la casa de la familia en el barrio El Fortín, ciudad de Tixtla. Tenía 23 años cuando invitó a salir a Blanca González, su vecina. Por un año fueron novios en secreto; después formalizaron la relación e iniciaron vida en pareja. El 3 de julio de 2006 nació la primera hija de ambos, América Natividad. La familia fue feliz con la niña, de carácter alegre como su papá. Jugaban en la calle y bailaban diversos ritmos, desde música disco hasta

cumbias del grupo Los Ángeles Azules. Después de varios años trabajando como obrero de la construcción, José Ángel decidió estudiar para maestro rural. Sus padres lo respaldaron económicamente y así, en 2014, ingresó como alumno en Ayotzinapa. Ya había pasado los exámenes cuando el 28 de julio nació su segunda hija, Gabriela Guadalupe. Sus compañeros lo recuerdan serio pero simpático. Sonrics, también normalista, dice que es «platicador y hablaba mucho de su familia». Quiere ser profesional para darles una vida mejor.

José Ángel
NAVARRETE GONZÁLEZ

«MI PAPÁ ES ALBAÑIL». «TAMBIÉN EL MÍO». Así empezó la amistad de José Ángel con Sobrino, un estudiante de segundo año. Se conocieron durante la semana de prueba, días de ardua disciplina y escasos alimentos para los alumnos de nuevo ingreso. Sobrino vio pasar a Pepe algo demacrado y rompió las reglas: lo metió a escondidas a su cuarto para darle de comer. Compartieron quesadillas y jugo. Platicaron y escucharon música de grupos como Los Temerarios, «las canciones que les gustan a nuestros papás. Coincidíamos en quererlos mucho». José Ángel nació en Tixtla. Creció junto a su madre, Angélica González, y sus hermanos, Tania y Emilio. El padre, Emiliano Navarrete, emigró a Estados Unidos para tener un mejor sueldo. La distancia fue difícil. Conoció a José por fotografía; recién pudo abrazarlo cuando tenía cuatro años, y no convivieron hasta su regreso, en la adolescencia del muchacho. En Ayotzinapa lo llamaban Pepe y lo recuerdan seguro de su vocación docente. Cuentan que hablaba mucho de su familia, del deseo de ayudarles económicamente. Es delgado y menudo. De carácter tranquilo, reservado con quienes no conoce pero bromista con sus amigos.

José Eduardo
BARTOLO TLATEMPA

LE FASCINA EL BREAKDANCE. A DIARIO practicaba en su casa las piruetas a ras de piso, vueltas en el aire y demás figuras propias de ese baile urbano que exige fuerza y agilidad. Algunas tardes, José Eduardo y sus amigos hacían coreografías en el kiosco del barrio El Santuario, en la ciudad de Tixtla, Guerrero. Su apodo de baile es Freyz y su gusto por el breakdance empezó durante la adolescencia porque, además de entretenido, le parecía un buen ejercicio. En su familia lo llaman Lalo, tiene diecinueve años y es el mayor de tres hermanos. Su padre, Cornelio Bartolo, es albañil. Su madre, María de Jesús Tlatempa, vende elotes hervidos por las calles de la ciudad y lo llevaba en su carretilla desde que era un bebé. «Fue un hijo muy deseado —explica—. Es cariñoso conmigo y también somos amigos». Desde la infancia, la rutina de Eduardo fue asistir a la escuela, trabajar en construcciones junto a su papá y, recién después de cumplir con sus responsabilidades, bailar o descansar. Mide 1.76 metros y le gusta co-

mer de todo. A menudo decía que no quería enamorarse, decidido a terminar una carrera antes de formar pareja. Una noche de julio de 2014 lloró de tristeza al pensar que no lo aceptarían en la Normal Rural Raúl Isidro Burgos. Cuando pasó los exámenes y ganó un lugar en la matrícula, regresó a su casa contento, oyendo cumbias y consciente de la responsabilidad que tienen los maestros con sus alumnos. Su abuela se enfadó al verlo flaco y pelón. Él respondió: «Estoy orgulloso de pertenecer a la escuela de Ayotzinapa».

José Luis
LUNA TORRES

ADORA A SU GATO Y A SU PERRO. LOS CE-pillaba, los bañaba, y siempre estaban impecables porque dormía con ellos. «Aunque yo lo regañaba, el gato y el perro andaban siempre debajo de sus cobijas», cuenta su madre, Macedonia Torres. José Luis tiene veinte años y es el menor de cuatro hermanos. Nació en Amilcingo, un pueblo del estado de Morelos. Cuando era niño jugaba con pelotas y canicas. En tiempos de viento, era feliz volando papalotes que él mismo hacía. Es delgado y su piel aceitunada. Disfruta comer tortillas hechas a mano: le gustan bien doradas, casi tostadas. Sus platos favoritos son los frijoles peruanos y las picaditas con salsa de molcajete. Tenía dieciséis años cuando murió su padre y desde entonces trabajó como peón de campo y ayudante de albañil para ayudar a su madre, quien mantenía la casa vendiendo elotes y cacahuates. Apegado a Macedonia, dudó sobre estudiar magisterio en Ayotzinapa porque queda lejos de su casa, en otro estado. Tomó su decisión con la vista puesta en el futuro, pensando en tener un buen sueldo para sostener el gasto familiar. En la normal lo apodaron Pato. Después de su desaparición, los habitantes de Amilcingo se organizaron para exigir al gobierno que intervenga por él. Macedonia abandonó la casa familiar para buscarlo: «No volveré hasta encontrarlo —dice—, y dondequiera que esté, quiero que sepa que lo amo». Piensa en él a menudo; imagina que su muchacho llega caminando y la abraza.

Julio César
LóPEZ PATOLZIN

«UN DÍA VOY A ESTAR EN ESA BANDA DE guerra», decía Julio César cuando escuchaba los tambores, cornetas y clarines de Ayotzinapa. Atento seguía los ensayos desde la parcela de su familia, que está junto a la normal rural. Mientras trabajaba la tierra disfrutaba de marchas y toques de paso redoblado, ritmos que no le resultaban ajenos porque desde la primaria integró las bandas de las escuelas a que asistió. Tocaba la corneta. Un poco por su interés musical y otro por ansias de un mejor futuro, Julio quiso estudiar en la Normal Rural Raúl Isidro Burgos. Tardó en concretar su deseo; intentó tres veces hasta conseguir un cupo. Durante ese tiempo trabajó como agricultor, en la construcción y en un molino. Con uno de sus primeros sueldos le regaló un par de zapatos a su papá, Rafael López. En 2013 se integró al Ejército pero desertó pocos meses después, al sufrir una lesión durante el salvamento a damnificados por los huracanes Ingrid y Manuel. Julio nació en Tixtla, Guerrero, el 29 de junio de 1990. Creció en el barrio El Santuario, donde siempre tuvo muchos amigos. En su casa lo apodaron la Peque porque tardó en crecer. Su padre es campesino y albañil. Su madre, Joaquina Patolzin de la Cruz, es ama de casa. Tiene tres hermanos y con todos se lleva bien aunque tiene debilidad por sus sobrinas. Ellas también

lo adoran: le dicen *papá*. Le gusta
la música de banda, grupos como
Calibre 50. Algunas veces, Rafael
cree escuchar música que sale del
cuarto de su hijo Julio.

Leonel
CASTRO ABARCA

DA LA IMPRESIÓN DE SER UN MUCHACHO serio pero en realidad es bromista. «Aquí nos imitaba a todos —cuenta Patrón, uno de sus compañeros de Ayotzinapa—. Es muy bueno porque logra hacer exactamente la voz y la forma de hablar de cada uno». Leonel tiene diecinueve años. Nació en Los Magueyitos, una comunidad de 750 habitantes en el municipio Tecoanapa, en la calurosa y verde región Costa Chica del estado de Guerrero. Tuvo que alejarse de su familia para continuar con sus estudios y se mudó a Buenavista de Allende, donde cursó la preparatoria. Sus padres, campesinos de escasos recursos, no podían solventar la estancia, pero logró salir adelante gracias al respaldo del director de la escuela, el profesor Mario. Además de estudiar hizo varios amigos. Uno de ellos, Elvis, recuerda que se grababan en video « bailando, haciendo chistes y actuando. Hacíamos miles de travesuras juntos». Apenas terminó la preparatoria, Leonel viajó a la Normal Rural Raúl Isidro Burgos aunque, según contó a sus compañeros, también tenía planes de ser militar. Logró el último de los 140 espacios en la matrícula de Ayotzinapa, generación 2014-2019. El lugar correspondía a otro joven que lo dejó vacante por un problema personal. Lo ganó entonces Leonel como premio a su esfuerzo, por no darse por vencido. Después de su desaparición forzada, en octubre de 2014, su tío Alfonso Castro Ramírez participó en las búsquedas ciudadanas que en Iguala realizó la Unión de Pueblos y Organizaciones del Estado de Guerrero.

Luis Ángel
ABARCA CARRILLO

TIENE DIECIOCHO AÑOS. ES EL OCTAVO de nueve hermanos y el primero en estudiar una carrera. «Quiero salir adelante, ser maestro, tener algo en la vida», le argumentaba a su madre, Metodia Carrillo, cuando ella no quería que ingresara al internado de Ayotzinapa. «No te pongas triste —la convenció—. Voy a estudiar para luego ayudarlos». Su familia vive en San Antonio, una comunidad de 200 habitantes en el municipio Cuautepec, región Costa Chica del estado de Guerrero. Desde que era niño, Luis ayudaba a su papá en el campo: sembraba maíz y ajonjolí, pastoreaba chivos y cuidaba a las vacas. Su madre dice que es un muchacho «tranquilo, alegre y platicador». En la escuela

siempre lo felicitaban porque era el mejor alumno de su salón. Le gusta comer pescado frito, pollo con mole y arroz. Juega mucho futbol, en la liga mexicana sigue al Club América, y en la música prefiere a bandas de pop y rock como Caifanes. Los habitantes de San Antonio y de Copala, un pueblo vecino, organizaron protestas después de su desaparición forzada. Su familia lo extraña. Sus sobrinos dicen que lo esperan con su pastel favorito, de tres leches con chocolate.

Luis Ángel
FRANCISCO ARZOLA

LE GUSTA MUCHO EL FUTBOL. AFICIO-
nado del Club América, cada domingo
seguía los partidos por televisión, pero
también tenía el patio de su casa conver-
tido en estadio. El terreno, amplio y plano,
era el centro de reunión de los muchachos
de San Cristóbal Tlacoachistlahuaca, en
la región Costa Chica del estado de Guerrero. Lenchito le dicen sus familiares y
amigos. Tiene veinte años y dos hermanos, Jhannet y Víctor Manuel. Sus padres,
Lorenzo Francisco y Benigna Arzola, son
campesinos. Desde que era niño, Luis
Ángel les ayudó a cultivar maíz, frijol y
calabaza. Cuando tuvo edad suficiente lo
asignaron para conducir una camioneta
de transporte público que es propiedad
de la familia. Con la música a todo volumen, a diario manejaba los cuarenta minutos del tramo San Cristóbal-Ometepec.
Sus grupos musicales favoritos son La Fu-
ria Oaxaqueña, Los Donnys de Guerrero,
Banda Cuisillos y Los Ángeles Azules. Al
terminar la preparatoria decidió estudiar
mecánica. Con mucho esfuerzo, sus padres pagaron la colegiatura de una uni-

versidad privada en Chilpancingo pero abandonó en primer año porque no era su vocación. Después optó por la Normal Rural Raúl Isidro Burgos. Su familia lo recuerda al volante, siempre manejando. Grabados en su memoria están los viajes que hacían, cada mes de abril, al santuario de la Virgen de Juquila en el estado de Oaxaca.

Magdaleno Rubén
LAURO VILLEGAS

EN TLATZALA, EL PUEBLO DONDE CRECIÓ Magdaleno, no había bachillerato. Para continuar con sus estudios se mudó a un internado que estaba a hora y media de distancia de su casa. Regresaba los fines de semana, pero el trayecto era complejo porque no había transporte público. Su padre, Francisco Lauro, lo iba a recoger atravesando las montañas en burro. Magdaleno Rubén tiene diecinueve años y cuatro hermanos: Francisco, Tania, Raúl e Ismael. Siendo niños aprendieron a sembrar maíz y frijol, a trabajar en el campo con la familia. Magdaleno es serio, callado. Le gusta andar en bicicleta, jugar al basquetbol y pasear con sus amigos por las tardes. Sus platillos favoritos son el pollo en caldo y los chilaquiles. En la música prefiere el rock and roll y lo escuchaba a todo volumen pese a las quejas de su madre, Juliana Villegas. Magdaleno Rubén habla náhuatl y quiere ser maestro bilingüe. Su familia lo apoyó desde el primer momento porque confían en sus decisiones. Su padre ahorra dinero para recibirlo «y curarlo cuando regrese».

Marcial Pablo
BARANDA

EN AYOTZINAPA CANTABA Y BAILABA cumbias. Así lo recuerdan sus compañeros Patrón y Francisco. Cuentan que lo apodaron Magallón «porque presumía ser pariente de los músicos de Organización Magallón», uno de los grupos más famosos de la Costa Chica guerrerense. Su padre, Luciano Pablo, ríe con la ocurrencia: «¡No es cierto! ¡Sólo son paisanos nuestros!». Marcial nació en Xalpatláhuac, municipio de Tecoanapa, Guerrero. Fue enfermizo durante su primer año de vida y tuvo pelo recién a los cuatro meses; por eso en su casa lo llaman Pelón. Es el tercero de seis hermanos. No se lleva bien con todos pero tiene muy buena relación con sus padres. Cariñoso con su madre, Eudocia Baranda, la abrazaba y cargaba entre sus brazos. También bromeaba con su papá, de quien heredó la costumbre de ponerles apodos a las demás personas. Trabajaban juntos en el campo durante los fines de semana. Marcial es delgado, de estatura media. Le gusta jugar futbol y comer chivito. Durante la secundaria fue rebelde. Recibía frecuentes reportes disciplinarios porque se escapaba de la escuela, pero al cursar el bachillerato tuvo mejor conducta. El 1 de julio de 2014 terminó la preparatoria. Al día siguiente viajó a Ayotzinapa porque estaba decidido a ser maestro rural, aunque también pensaba en la posibilidad de formar una pareja. *Uriel,* alumno de segundo año, recuerda haberlo alimentado a escondidas durante la semana de prueba. Compartía cuarto con Felipe Arnulfo Rosas, Abel García Hernández, Adán Abraján de la Cruz y los hermanos Doriam y Jorge Luis González Parral. Tiene veinte años.

Marco Antonio
GÓMEZ MOLINA

AL SALIR DE LA ESCUELA JUGABA FUTBOL
con sus amigos. Llegaba tarde a la casa;
«inventaba que le habían dado tarea pero
ni mamá ni yo le creíamos», explica su
hermano Luis, y sonríe de recordar la tra-
vesura cotidiana. Era su única rebeldía
porque Marco Antonio es un muchacho
reservado y serio: «Es enojón, resulta difícil hacerlo reír». Sus gustos se resumen
en deporte y música, sobre todo rock y corridos. Nació y creció en Tixtla, Guerrero.
Tiene cinco hermanos pero los mayores
emigraron. Él y Luis crecieron apegados
a su mamá porque el papá, albañil, siempre vivió en la ciudad de México y murió
cuando eran adolescentes. Como el sueldo
de su madre, empleada doméstica, no al-
canzaba, los hermanos se hicieron cargo
de sus propios gastos. Marco Antonio trabajó en la construcción y luego fue mecánico en un taller automotriz para financiar
sus estudios de preparatoria en el Colegio Nacional de Educación Profesional y
Técnica. Siempre asumió su papel de hermano mayor, y aunque se peleaba mucho
con Luis, también lo procuraba. Señalaba

sus errores, le daba consejos y lo guiaba «para que un día fuera autosuficiente». «¡Ya, párate! ¡Ya se te hizo tarde!» era su frase de cada mañana. El regaño iba cargado de cariño; él se ocupaba de que Luis llegara a tiempo a la escuela. Marco Antonio sueña con ser profesor de Educación Física pero, sin recursos suficientes para solventar esa carrera, entró a la normal rural porque es gratuita. Enseguida sus compañeros lo apodaron Cuervo y Tun Tun, «porque camina de brinquitos, como bailando».

Martín Getsemany
SÁNCHEZ GARCÍA

ES FELIZ CUANDO JUEGA FUTBOL AUNQUE también se enoja mucho si pierde un partido porque es apasionado, cuenta su mamá, Joaquina García. Empezó a practicar ese deporte cuando tenía cinco años. Al principio fue delantero y luego cambió a la posición de defensa. Jugó en varios equipos, entre ellos Avispones de Chilpancingo. Sus hermanas y su madre lo acompañaban a la cancha en fines de semana: llevaban matracas para alentarlo. A Martín también le gusta ver partidos por televisión y sigue a los Pumas de la UNAM. Es coqueto a la hora de vestir. Enamoradizo, seguido andaba noviando. Le gusta salir de fiesta y rodearse de amigos, a los que llevaba a comer a su casa. Martín es el séptimo de ocho hermanos. Nació el 11 de noviembre de 1994 pero lo registraron con la fecha del 10 de agosto para que em-

pezara la escuela tres meses antes, pues es inquieto y travieso. En los festivales infantiles se disfrazaba de diablito y su madrina bromeaba: «Cada quien elige personaje según su personalidad». Platicador, desde niño entablaba diálogo con quien se topara, aunque fuera un desconocido. Rebelde durante la adolescencia, no acataba las instrucciones de sus padres. «Es tremendo», cuenta doña Joaquina. Escapaba para salir a bailar y «se quejaba si le pedíamos que ayudara, pero al volver de la semana de prueba en Ayotzinapa cambió. Limpiaba la casa, iba por las tortillas». En la casa de los Sánchez-García, Martín ponía música a todo volumen. Nadie enciende la grabadora desde que él no está.

Mauricio
ORTEGA VALERIO

MAURICIO es carpintero. Sabe hacer puertas, ventanas, mesas, sillas y cualquier cosa que le encarguen. «Es casi maestro», dice orgulloso su papá, Eleucadio Ortega. Al terminar la primaria, abandonó su comunidad en las montañas del estado de Guerrero porque no había escuelas donde seguir estudiando. Con apenas doce años dejó Monte Alegre, un pueblo de 371 habitantes, para mudarse al municipio de Ayutla de los Libres, de 62 000. Fue un cambio difícil pero logró salir adelante, y durante esos años, además de cursar secundaria y bachillerato, aprendió el oficio de carpintero al lado de su tío Hermenegildo. Trabajó desde niño. A los ocho años, como se acostumbra en su región, ya cuidaba del ganado, reparaba corrales, acarreaba la cosecha con mulas y pastoreaba a los chivos. También participaba en el corte del café entre los meses de diciembre y abril. Las horas de diversión eran casi siempre en el río, donde se bañaba y pescaba con los demás niños. Le gusta jugar al basquetbol y al voleibol. Mide 1.70, es grandote

y algo gordito. Siempre sonríe, cuenta su tío Melitón. Su padre, Eleucadio, lo convenció de estudiar una carrera «para que fuera profesionista y no campesino como yo». Eligió ser maestro bilingüe porque habla me'phaa, lengua indígena también conocida como tlapaneco.

Miguel Ángel
HERNÁNDEZ MARTÍNEZ

MIGUEL ÁNGEL ES TLACOLOLERO, APA-
sionado por el baile popular más anti-
guo del estado de Guerrero, una danza
mestiza que representa un ritual prehis-
pánico dedicado al dios Tláloc para pedirle lluvias que favorezcan a las cosechas.
En Tixtla, su ciudad natal, Miguel Ángel
participaba además en las danzas dedi-
cadas a la Virgen de Guadalupe y a otras
figuras o santos de la Iglesia Católica. Migue, como lo llaman en su familia, tiene
cuatro hermanos, dos mujeres a quienes
cuida mucho y dos hombres, uno de ellos
también normalista, a quien apodaban
Botas. De él heredó el mote y sus compañeros le dicen Botitas. Su madre, María
Martínez, es ama de casa. Su padre, Pablo
Hernández, taxista y chofer de combis. Es
amiguero. Ingresó dos veces a la normal
rural de Ayotzinapa. Durante los primeros meses como alumno sufrió un accidente grave que lo obligó a someterse a
una operación y a un extenso tratamiento
médico. Abandonó la carrera pero, ya re-

puesto de la lesión, en 2014 continuó con sus planes. Aprobó nuevamente el curso de ingreso y ganó un cupo en el internado. Sus padres están orgullosos de él.

Miguel Ángel
MENDOZA ZACARÍAS

TENÍA veinte años cuando emigró a Estados Unidos. Allá trabajó en restaurantes y tiendas; vivió como cuatro años junto a su padre, Estanislao Mendoza, también migrante. En México tuvo diversos trabajos: fue chalán de albañilería, empleado en la ciudad de Taxco, jornalero en el campo y fotógrafo de eventos sociales. También puso una peluquería. Le fue bien con su negocio porque es trabajador y querido por los vecinos, explica su madre, Margarita Zacarías: «Cuando se enfermaban sus amigos, él les llevaba fruta, leche y pan. Jugaba con los niños

del barrio y les regalaba juguetes en el Día de Reyes. Cuando se inundó la ciudad de Tixtla, en 2013, ayudó a las personas que perdieron sus cosas y juntó víveres para los damnificados». Miguel Ángel nació en Apango, Guerrero. Es el mayor de tres hermanos. Su mamá le dice Migue y sus amigos, Miclo. Algunos vecinos lo apodaron Temerario porque durante muchos años sólo ponía música, a todo volumen, del grupo Los Temerarios. A los dieciocho años empezó la carrera de maestro normalista en Ayotzinapa pero la abandonó sin dar explicaciones. En 2014 se inscribió nuevamente en la normal rural y pasó los exámenes. Luis, uno de sus compañeros de cuarto, lo recuerda «serio y tranquilo, aunque le gusta convivir», un muchacho reservado que una vez lo invitó a pasar el fin de semana en Apango. Lo paseó por el pueblo, le presentó a sus amigos y lo hizo sentir como en su propia casa. Tiene 28 años. Le gusta salir de fiesta y es buen bailarín.

Saúl
BRUNO GARCÍA

«¡MEJOR DÍGANME HULK!», RECLAMABA Saúl a sus compañeros de Ayotzinapa. No le gustó que lo apodaran Chicharrón: quería algo más serio porque es flaco pero fuerte. A diario hacía abdominales y levantaba piedras para ganar fuerza en los brazos: cuentan que podía cargar a dos jóvenes. Apenas llegó a la normal rural hizo amistad con varios estudiantes, sobre todo con otro muchacho a quien llaman Patrón. Dormían en el mismo cuarto, en la Casa del Activista. Escuchaban música del grupo puertorriqueño Calle 13, platicaban sobre sus familias y tenían planes de visitarse durante las primeras vacaciones. «Yo te presento a mi hermana si tú me presentas a la tuya», bromeaba Saúl. Le gustaba sentarse debajo de un gran árbol que está junto a la cancha de basquetbol. Es amigable y a todos caía bien, por eso enseguida se acercaban más normalistas. Saúl creció en el municipio de Tecoanapa, Guerrero, donde su familia se dedica al campo. Él ayudaba, «y se nota porque es muy bueno con el machete», acota uno de sus compañeros, Francisco. Su madre, Nicanora García, amasa pan casero y vende pescado. «La comida favorita de mi hijo es el pescado frito —cuenta—, y por eso cada domingo me pedía que le apartara uno bien grandote». Buen alumno y participativo en actividades escolares, Saúl fue escolta

durante el jardín de infantes y la primaria. Se mudó al vecino pueblo de Buenavista de Cuéllar para cursar el bachillerato. Al terminar la preparatoria pensó en estudiar veterinaria y diseño gráfico, pero finalmente decidió ser maestro con el plan de cursar después una segunda carrera. Tiene diecinueve años. Su madre dice que es cariñoso, sobre todo con sus sobrinos; los consiente tanto como puede. «También es bien noviero», confiesa Nicanora a sabiendas, porque son confidentes. Antes de que Saúl fuera desaparecido, nunca pasaron una semana sin verse.

Daniel
SOLÍS GALLARDO

ERA FELIZ CUANDO JUGABA FUTBOL, UNA pasión que le hacía bien porque no sufría ni se enojaba. «Tenía buen carácter —cuenta su primo Brayan—. Si algún compañero cometía errores o fallaba un gol, Daniel no reclamaba, más bien los alentaba». Trabajó con varios vecinos de su colonia para transformar un pedazo de cerro en cancha de futbol. La cuidaban y disfrutaban con partidos improvisados; cada día había *retas,* en las cuales adultos, jóvenes y niños participaban por igual. Daniel jugaba generalmente en la defensa aunque a veces también era mediocampista. Nació en Zihuatanejo, una ciudad junto al océano Pacífico, en Guerrero. Tenía dieciocho años. Era el mayor de tres hermanos y asumía su lugar de guía frente a los más pequeños, de trece y siete. Se ocupaba de ellos porque sus padres, Inés Gallardo y Javier Solís, estaban mucho tiempo fuera de la casa debido a sus trabajos. Daniel también se ganó la vida desde la adolescencia: fue ayudante de albañilería, carpintería y mecánica. Sus vecinos le decían Borrego y en la normal rural lo apodaron Chino. Era a todo dar —dice Francisco, uno de sus compañeros en Ayotzinapa—. Le gustaba echar relajo, nos reíamos. Recuerdo una vez que estábamos en la tercera parcela, nos tocaba trabajar la tierra y nos escondíamos para sentarnos a descansar».

Costeños los dos, se llevaron bien desde el inicio. «No alcancé a saber sus gustos pero el tiempo que estuvo aquí fue a todo dar, fue mi mejor amigo. Hasta la fecha lo es —corrige—, porque no lo olvido».

Daniel fue asesinado en Iguala, Guerrero, la madrugada del 27 de septiembre de 2014.

Julio César
MONDRAGÓN FONTES

CUANDO Julio César supo que iba a ser papá, decidió sacrificarlo todo. Entonces organizado y feliz, abandonó su rutina para tomar el camino más difícil con la vista puesta en el futuro de su hija. Vivía en la ciudad de México junto a su pareja, Marisa Mendoza Cahuantzi. Él trabajaba en la Central de Autobuses Observatorio, ella era maestra de primaria. Por las tardes se encontraban en el pequeño departamento que rentaban. Paseaban, hacían planes, y cada vez que veían a una pareja de ancianos Julio decía: «Algún día tú y yo vamos a estar así». Eran felices, se sentían plenos, y al confirmarse el embarazo de Marisa trazaron un nuevo camino. Julio se replanteó su vida y encontró fuerzas para no renunciar al sueño de ser maestro, que ya había abandonado después de varios intentos frustrados por estudiar esa carrera. Se inscribió en Ayotzinapa, pasó exámenes y se mudó al internado, donde estaría cuatro años lejos de su familia. Fue un sacrificio consciente. Consiguió permiso para asistir al parto y vio nacer a Melisa Sayuri el 30 de julio de 2014. Cincuenta y nueve días después fue asesinado durante los ataques en contra de estudiantes normalistas en Iguala, Guerrero. La madrugada del 27 de septiembre de 2014 lo torturaron, le arrancaron rostro y ojos, y le quitaron la vida. Julio nació en San Miguel Tecomatlán, Estado de México. Allí lo educó su madre, Afrodita Mondragón. Tenía dos hermanos menores. Pasaba mucho tiempo con papel y lápiz en mano porque le gustaba dibujar y escribir. Era detallista, dejaba cartas y recados de amor a su pareja. «Hacía abdominales y se cuidaba —cuenta Marisa—. En su pueblo salía todas las maña-

nas a correr por los cerros. Le gustaba arreglarse y era vanidoso. Cuando íbamos a comprar tortillas se ponía un pantalón, una playera limpia y se peinaba. Yo le decía: "¡Si vas por las tortillas nomás!". Me respondía: "Pero a mí me gusta verme bien"».

Julio César
RAMÍREZ NAVA

LA VIDA DE JULIO CÉSAR ESTÁ LIGADA con Ayotzinapa desde antes de su nacimiento. Cuando estaba en vientre de su madre, Berta Nava, la familia subsistió gracias a la ayuda que recibieron de la normal rural. «Mis dos hijos mayores iban con una olla porque ahí había muchachos de buen corazón que nos daban comida. El personal también nos ayudaba; un señor a quien llamaban don Cele nos regalaba hartos pedazos de carne, cajas de plátanos, leche y café». Bertha era empleada doméstica y lavaba ropa ajena; tenían una vida modesta pero cualquier rato libre era un disfrute para la familia: «Salíamos al campo, a la presa, a las guayabas». Julio César fue el tercero de cuatro hermanos. Era tranquilo y callado, no expresaba sus sentimientos. Muy comprensivo, dice su madre: «Aunque necesitaba un par de tenis, nunca los exigía. Andaba con hoyos en sus zapatos pero nunca pedía "¡Mamá, cómpreme!". Trabajó desde pequeño. Cargaba bocinas, cables y luces para grupos como La Fórmula Musical y Los Piratas de Tixtla. También fue peón de albañil, empleado de un café internet y jornalero en el campo; limpiaba milpas por la localidad de Atliaca. En diciembre ganaba algunos pesos tronando cuetes en la Feria de Chilpancingo. Adoraba a su sobrina Yaremi Guadalupe, de tres años. La cuidaba mucho y jugaba con ella. Cuando se integró como alumno de Ayotzinapa lo apodaron Fierro. Se sumó a la banda de gue-

rra de la escuela y estaba contento con sus estudios; ser maestro era su proyecto de vida. Decía: «Voy a seguir preparándome para enseñarles cosas a los niños. Voy a ir a cursos». Fue asesinado la madrugada del 27 de septiembre de 2014 en la esquina de Juan N. Álvarez y Periférico Norte, en Iguala, Guerrero. Había llegado minutos antes con un grupo de compañeros que acudieron al rescate de otros estudiantes que estaban siendo atacados por policías. Julio César tenía 23 años. Con su primer sueldo pensaba comprar un terreno. Su sueño era que su familia tuviera casa propia.

Édgar
ANDRÉS VARGAS

ES UN MUCHACHO ALEGRE. «SIEMPRE anda en el relajo, todo el tiempo está riéndose —dice su mamá, Marbella Vargas—. Si su papá duerme, él le pone una plumita en la oreja: siempre hace bromas».

Édgar creció entre San Francisco del Mar y Pueblo Nuevo, dos localidades del caluroso Istmo de Tehuantepec, estado de Oaxaca. Su madre es ama de casa y su padre, Nicolás Andrés, maestro de primaria. Tiene tres hermanos, uno mayor y dos menores que él. En su familia le llaman Jovanito. Cuando nació, «el parto fue complicado; luego enfermó de asma y tuvo problemas digestivos pero de todas ha salido adelante», dice Marbella, y confía en que vuelva a lograrlo. Lo acompaña día y noche desde el 27 de septiembre de 2014, cuando un balazo le destrozó el labio superior y la base de la nariz. Ha sido sometido a diversas operaciones pero todavía no logran reconstruir su rostro. Aún convaleciente, mantiene el ánimo en alto y muchas veces es él quien sostiene emocionalmente a su familia. Es cariñoso; seguido los sorprende con algún abrazo. En

el futbol es seguidor del Guadalajara. Le gusta escuchar música; toca la guitarra y el piano. Cuida mucho a los animales: su mamá recuerda que «cuando era chico lloraba si alguien regañaba a un perro». Aunque se negaba a estudiar, su papá lo convenció de inscribirse en Ayotzinapa. Tomó en serio el objetivo, se preparó para el ingreso y no tuvo dificultades en pasar los exámenes. De la carrera disfruta sobre todo las salidas a prácticas en escuelas rurales. «Las madres de los niños lo aprecian y le dan regalos —dice Marbella con orgullo—. Me ha contado que también los niños lo quieren mucho». Édgar tiene veinte años. Al momento de los ataques cursaba el tercer año de la Licenciatura en Educación Primaria.

Aldo
GUTIÉRREZ SOLANO

ALDO ES INQUIETO. JUGAR FUTBOL, CO-rrer y andar a caballo son sus actividades favoritas desde que era niño. Nació en Ayutla de los Libres, en la región Costa Chica del estado de Guerrero, donde todos conocen su talento futbolístico. Es delantero y ha participado en equipos locales como Atlético Lobos. «Es rápido y muuuy bueno. Es uno de los mejores jugadores de su pueblo», recuerdan sus compañeros de Ayotzinapa. «Pero además trabajó como jornalero en el campo, alquilándose, y siempre le fue bien en la escuela porque es muy inteligente», aclara Ulises, uno de sus hermanos mayores. Aldo es el décimo de catorce hermanos y el segundo que ha tenido acceso a una carrera. Antes de él, «sólo yo estudié —dice Ulises—; los demás hermanos no han podido. Trabajan, aunque sin empleo estable, y uno se fue a Estados Unidos». Con orgullo resalta la decisión de Aldo: «Quiere ser un profesionista». Alegre, siempre disfrutó jugar con sus sobrinos y hermanos menores. Es bromista y noviero. En la normal rural lo apodaron Garra. Tenía diecinueve años cuando recibió un disparo en la cabeza, durante los ataques en Iguala, y está inconsciente desde entonces. Inmóvil en una cama de hospital pero nunca solo, sus familiares se turnan para acompañarlo en el Instituto Nacional de Neurología. Le llevan sus platillos favoritos, decoran su cuarto, ponen la música que más le gusta y le hablan por teléfono. Esperan que oiga sus voces, que despierte pronto.

Noches de angustia por los normalistas desaparecidos

Ayotzinapa, Guerrero, octubre de 2014. *Fotografía de Miguel Tovar*

Eterna espera

Ayotzinapa, Guerrero, octubre de 2014. *Fotografía de Miguel Tovar*

La comida se comparte entre familiares
y vecinos que esperan a los desaparecidos

Ayotzinapa, Guerrero, octubre de 2014. *Fotografía de Miguel Tovar*

Bloquear carreteras: reclamo
de familiares, maestros y normalistas

Autopista del Sol, Guerrero, octubre de 2014. *Fotografía de Miguel Tovar*

Justicia, el reclamo
Autopista del Sol, Guerrero, octubre de 2014. *Fotografía de Miguel Tovar*

Bloqueo
Autopista del Sol, Guerrero, octubre de 2014. *Fotografía de Miguel Tovar*

Caseta de Palo Blanco

Autopista del Sol, Guerrero, octubre de 2014. *Fotografía de Miguel Tovar*

«¡Vayan a buscar a nuestros compañeros!»,
normalistas reclaman a militares

Autopista del Sol, Guerrero, octubre de 2014. *Fotografía de Miguel Tovar*

Carteles tamaño carta para buscar
a los normalistas desaparecidos
Iguala, Guerrero, octubre de 2014. *Fotografía de Miguel Tovar*

Castigo ante medios: traslado temporal
de todos los policías de Iguala
Guerrero, octubre de 2014. *Fotografía de Paula Mónaco Felipe*

«Venimos a buscar; el Estado no lo hace»:
policías comunitarios de la UPOEG

Iguala, Guerrero, octubre de 2014. *Fotografía de Paula Mónaco Felipe*

Revisión a policía comunitario

Iguala, Guerrero, octubre de 2014. *Fotografía de Paula Mónaco Felipe*

Pan y café: apoyo ciudadano a policías comunitarios

Iguala, Guerrero, octubre de 2014. *Fotografía de Paula Mónaco Felipe*

Marchar y gritar

Chilpancingo, Guerrero, octubre de 2014. *Fotografía de Miguel Tovar*

Reclamo por las calles
Chilpancingo, Guerrero, octubre de 2014. *Fotografía de Miguel Tovar*

Manifestación en la Autopista del Sol
Chilpancingo, Guerrero, octubre de 2014. *Fotografía de Miguel Tovar*

Mensaje

Chilpancingo, Guerrero, octubre de 2014. *Fotografía de Miguel Tovar*

Normalistas

Chilpancingo, Guerrero, octubre de 2014. *Fotografía de Miguel Tovar*

Pruebas del horror: fosas clandestinas
en los alrededores de Iguala, Guerrero
Octubre de 2014. *Fotografía de Miguel Tovar*

Fosa exhumada
Iguala, Guerrero, octubre de 2014. *Fotografía de Miguel Tovar*

Rastros y preguntas en zona de fosas clandestinas
Iguala, Guerrero, octubre de 2014. *Fotografía de Miguel Tovar*

La espera
Ayotzinapa, Guerrero, octubre de 2014. *Fotografía de Miguel Tovar*

Noches en vela: policías comunitarios
de Tixtla resguardan la normal rural
Ayotzinapa, Guerrero, octubre de 2014. *Fotografía de Miguel Tovar*

Indignación
Ciudad de México, 2014. *Fotografía de Miguel Tovar*

Genoveva Sánchez, madre del estudiante
desaparecido Israel Caballero Sánchez
Ciudad de México, 2014. *Fotografía de Miguel Tovar*

Dolor compartido: protestas por Ayotzinapa
Ciudad de México, 2014. *Fotografía de Miguel Tovar*

Jóvenes al frente

Ciudad de México, 2014. *Fotografía de Miguel Tovar*

Luto en la bandera

Ciudad de México, 2014. *Fotografía de Miguel Tovar*

A las puertas de la Secretaría de Gobernación

Ciudad de México, 2014. *Fotografía de Miguel Tovar*

Londres enciende las protestas internacionales

Londres, Inglaterra, 22 de octubre de 2014. *Fotografía: London Mexico Solidarity*

Sube el tono: jóvenes en la entrada del Palacio Nacional

Ciudad de México, 8 de noviembre de 2014. *Fotografía de Miguel Tovar*

Arde la puerta de la casa de gobierno

Ciudad de México, 8 de noviembre de 2014. *Fotografía de Miguel Tovar*

Detenido, uno de muchos, en días de arrestos
tanto justificados como arbitrarios
Ciudad de México, 2014. *Fotografía de Miguel Tovar*

Un encuentro familiar: sobrevivientes y padres de Ayotzinapa
con Estela de Carlotto, presidenta de Abuelas de Plaza de Mayo
Ciudad de México, 30 de noviembre de 2014. *Fotografía de Miguel Tovar*

Bordar y pasar las horas: Navidad imposible

Ayotzinapa, Guerrero, diciembre de 2014. *Fotografía de Paula Mónaco Felipe*

Ausencia

Ayotzinapa, Guerrero, diciembre de 2014. *Fotografía de Paula Mónaco Felipe*

Para pedir tu ayuda: Flores a la Virgen de Guadalupe
Ayotzinapa, Guerrero, diciembre de 2014. *Fotografía de Paula Mónaco Felipe*

Presente
Ayotzinapa, Guerrero, diciembre de 2014. *Fotografía de Paula Mónaco Felipe*

Amargo año nuevo afuera de la residencia presidencial
Ciudad de México, 31 de diciembre de 2014. *Fotografía de Miguel Tovar*

Luces
Ciudad de México, 31 de diciembre de 2014. *Fotografía de Miguel Tovar*

Aquí estamos: ciudadanos acompañan la protesta

Ciudad de México, 31 de diciembre de 2014. *Fotografía de Miguel Tovar*

Por cerros desolados: búsqueda ciudadana

Alrededores de Iguala, Guerrero, 15 de enero de 2015. *Fotograafía de Miguel Tovar*

Como hormigas: familiares, jóvenes y policías comunitarios
Alrededores de Iguala, Guerrero, 15 de enero de 2015. *Fotografía de Miguel Tovar*

Rostros y nombres, por si alguien se anima a hablar
Alrededores de Iguala, Guerrero, 15 de enero de 2015. *Fotografía de Miguel Tovar*

Vivo lo queremos

Guerrero, enero de 2015. *Fotografía de Miguel Tovar*

Buscarte en los cerros. Clemente Rodríguez, padre
del desaparecido Christian Alfonso Rodríguez Telumbre

Guerrero, enero de 2015. *Fotografía de Miguel Tovar*

Muros que hablan

Ayotzinapa, Guerrero, enero de 2015. *Fotografía de Paula Mónaco Felipe*

Normal Rural Raúl Isidro Burgos

Ayotzinapa, Guerrero, enero de 2015. *Fotografía de Paula Mónaco Felipe*

Madres. Berta Nava, Cristina Bautista
Salvador y Joaquina García

Chilpancingo, Guerrero, 23 de mayo de 2015. *Fotografía de Paula Mónaco Felipe*

Protestar con música: Banda de Guerra de Ayotzinapa
frente al Palacio de Gobierno del estado de Guerrero

Chilpancingo, Guerrero, mayo de 2015. *Fotografía de Paula Mónaco Felipe*

Desde los cuatro puntos cardinales, con los familiares al frente

Ciudad de México, 2015. *Fotografía de Miguel Tovar*

Sigue el reclamo

Ciudad de México, 2015. *Fotografía de Miguel Tovar*

Por ustedes andamos: familiares incansables

Ciudad de México, 2015. *Fotografía de Miguel Tovar*

Brígida Olivares (detrás), abuela del desaparecido
Antonio Santana Maestro. Isela López (delante), hermana
del desaparecido Julio César López Patolzin

Ciudad de México, 2015. *Fotografía de Miguel Tovar*

Propaganda electoral

Ciudad de México, 26 de mayo de 2015. *Fotografía de Miguel Tovar*

A ocho meses, protesta, provocación y disturbios

Ciudad de México, 26 de mayo de 2015. *Fotografía de Miguel Tovar*

El fuego y el *Jefe Neptuno,* Álvaro Sánchez Valdés
Ciudad de México, 26 de mayo de 2015. *Fotografía de Miguel Tovar*

Fue el Estado
Ciudad de México, 26 de mayo de 2015. *Fotografía de Miguel Tovar*

Fiesta incompleta. Erika Pascual, esposa del desaparecido Adán
Abraján de la Cruz, y los hijos de ambos, Allison y José Ángel

Tixtla, Guerrero, mayo de 2015. *Fotografía de Paula Mónaco Felipe*

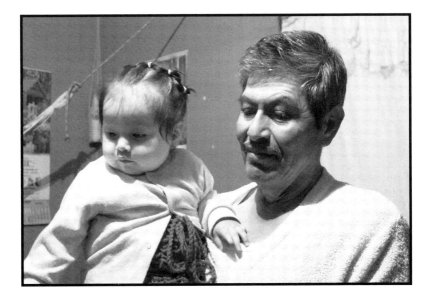

Dos de tres generaciones:
Bernardo Campos y Gabriela Campos González, padre e hija del
desaparecido José Ángel Campos Cantor

Tixtla, Guerrero, 2 de julio de 2015. *Fotografía de Paula Mónaco Felipe*

Blanca González, América y Gabriela Campos
González, esposa e hijas del desaparecido José
Ángel Campos Cantor

Tixtla, Guerrero, 2 de julio de 2015. *Fotografía de Paula Mónaco Felipe*

Uniformes de gala, luto y rabia, graduación de la generación
2011-2015 de la Normal Rural Raúl Isidro Burgos

Ayotzinapa, 18 de julio de 2015. *Fotografía de Ana Valentina López de Cea*

Elena Poniatowska entrega título a maestros rurales
de la generación 2011-2015. Detrás, el cineasta Gabriel
Retes, también padrino de los egresados

Ayotzinapa, Guerrero, 18 de julio de 2015. *Fotografía de Miguel Tovar*

Espera

Ayotzinapa, 18 de julio de 2015. *Fotografía de Paula Mónaco Felipe*

plantaciones de marihuana y amapola que son un secreto a voces cerca de Mazatlán, Guerrero, refugio de criminales según dicen. Por ahí también está Petaquillas, el pueblo pegado a la capital estatal que se ha levantado en armas varias veces, harto de la delincuencia y la corrupción de las autoridades.

La zona es peligrosa y piden ayuda a Gendarmería. No confían mucho en ellos porque fueron policías con uniforme los que se llevaron a sus hijos, pero tienen que recurrir a los gendarmes para meterse en la boca del lobo.

En helicóptero aterrizan en El Epazote, un pueblito de 874 habitantes (de los cuales 243 son adultos analfabetos). Mientras algunos padres preguntan a pobladores, Hilda arranca a paso decidido en dirección al cerro.

—Me jalé a dos de la gendarmería. Dije «Voy para allá» y me siguieron. Creo que no les quedó de otra.

¿Qué es aquello? ¿Son casas? ¿Se mueve algo? Hilda observa y camina hacia un lugar que le llamó la atención en medio de la sierra. Si es una construcción, podrían estar ahí secuestrados. Si hay movimiento, la probabilidad aumenta. Sin medir las consecuencias, avanza con todos los sentidos alertas.

Camina a paso rápido y los gendarmes le siguen el paso.

—Nos acompañan, pero una es la que va adelante.

Los familiares sienten que el gobierno no busca a los 43 muchachos; por eso ellos ponen cara y cuerpo a lo que venga.

¿Hay un río? No importa. Hilda hace que la crucen en una camioneta porque no sabe nadar. No sabe qué pensar de los gendarmes. Los necesita pero también le estorban: llaman la atención y hacen que todo sea más complicado; estando ellos, ¿quién se va a acercar?, ¿quién va pasar algún dato?

No les tiene miedo. A veces apela a su corazón, «a que tengan conciencia». Pide ayuda por las buenas y otras veces exige. «¿¡Tienen bien ubicados a nuestros hijos!? Ustedes dicen que saben sus nombres, ¿pero su físico?» Les enseña fotos. «Cuando vayan a sus actividades o enfrenten un grupo delictivo, ¡tengan mucho cuidado! ¡No les vayan a poner a nuestros hijos al frente para que reciban las balas!»

No cree en los de alto rango:

—No sé si ellos nos están ayudando o están avisando para que los cambien de lugar.

Los padres confían en que sus hijos están vivos. Muchos los tachan de ingenuos, los miran con lástima por guardar la esperanza de encontrarlos.

Recuerdo a mis abuelos, a otras madres y padres en la última dictadura militar que sufrió Argentina. Tocaban a la puerta de los cuarteles, pedían ayuda a quienes habían secuestrado a sus hijos, conseguían audiencias con gobernantes amigos de los genocidas, recurrían a curas que (más tarde lo supimos) presenciaron y bendijeron las torturas en campos de concentración. ¿Hasta dónde puede llegar una persona angustiada? ¿Hasta dónde se arriesga la vida para buscar a un hijo? ¿Hay límite?

Aquellos familiares argentinos estaban solos, pocos los acompañaban. Muchos ni siquiera les creían que existieran personas desaparecidas. Se abría un abismo entre el sufrimiento de ellos y la indiferencia de los demás. El doliente se sentía tan incomprendido como ahora se sienten estos padres, como viven miles de mexicanos con familiares desaparecidos.

Aislarse y creer en una posibilidad remota no es ingenuidad: es la inteligencia del corazón y de las tripas. Si ellos no creyeran que algún día encontrarán a sus desaparecidos, no podrían seguir viviendo.

Hilda y otros padres piensan que los militares saben dónde están sus hijos. En su búsqueda, además, viven situaciones que les hacen desconfiar aún más de las fuerzas armadas. Cuando dicen «Vamos a tal lugar», los gendarmes contestan que no pueden entrar ahí porque hay custodia militar. «¿Por qué está resguardado? ¿Qué esconden? ¡No quieren llegar! ¡Si dicen que no tienen permitido llegar es porque ahí hay algo! No hemos podido entrar a lugares en donde creemos que tienen a nuestros hijos ¡porque los militares nos prohíben el paso!»

¿Cómo defender a las fuerzas armadas de las sospechas de colusión con el crimen organizado si les vetan el acceso a zonas de producción de goma de opio, donde empieza el camino de la heroína y podrían tener cautivos a sus hijos? Les impiden pasar a plantaciones cada vez mayores porque con 12 000 hectáreas sembradas, según datos oficiales, México se ha transformado en el segundo productor mundial de heroína, sólo por detrás de Afganistán, explica el experto José Reveles.

Tampoco los dejan entrar en cuarteles militares. ¿Y si los tuvieran ahí como hicieron con opositores políticos en la década de los setenta? En el Campo Militar número 1 fue visto por última vez Jesús Piedra Ibarra, hijo de Rosario Ibarra de Piedra, una de las fundadoras del Comité ¡Eureka!, de madres de desaparecidos. Durante las décadas de los setenta y ochenta, pasaron por las mismas instalaciones decenas de desaparecidos por razones políticas, de quienes nada se sabe hasta hoy. El líder social Rosendo Radilla Pacheco fue visto por última vez en 1974 dentro del cuartel militar de Atoyac de Álvarez, Guerrero, estado donde las organizaciones de familiares han documentado cientos de desapariciones forzadas perpetradas por el Ejército en aquellos tiempos. No es asunto del pasado: en 1996, en el mismo estado donde ahora ocurre el caso Ayotzinapa, el guerrillero náhuatl *Rafael*, del Ejército Popular Revolucionario, fue secuestrado por militares y estuvo cautivo cuatro meses en cárceles clandestinas antes fugarse y relatar los detalles al periodista John Gibler para el libro *Tzompaxtle* (Tusquets, 2014).

Para ahondar las sospechas, el 27 Batallón de Infantería, con destacamento en Iguala, fue uno de los más activos cuando se aplicaba la «estrategia de contrainsurgencia» de los años setenta, es decir, el terrorismo de Estado. «Le llamaron *la aldea vietnamita*», afirma Juan Veledíaz en su blog Estado Mayor, porque desde allí se dirigían bombardeos y operaciones para sacar por la fuerza a pobladores de regiones montañosas. Lo saben bien en San Juan de las Flores, un pueblo en la Sierra Madre, municipio de Atoyac de Álvarez. Todos recuerdan que llegaban camiones y helicópteros militares para llevarse a los hombres jóvenes. Desaparecieron a uno de cada diez habitantes, entre ellos el abuelo y los tíos de Cutberto Ortiz Ramos, uno de los normalistas de Ayotzinapa.

Hilda es reservada. Muchas veces pasa desapercibida, pero con un funcionario enfrente se transforma. En una reunión privada interpela al secretario de Gobernación, Miguel Ángel Osorio Chong, y al Procurador General de la República, Jesús Murillo Karam.

—Si ustedes tienen a nuestros hijos, dígannos cuánto y qué quieren por ellos. Estamos dispuestos a dar lo poco o mucho que tengamos. No nos importa quedarnos en la calle o no tener nada —vuelve el rostro hacia el procurador y le habla a la cara—: ¿Por qué nos obstruye la entrada a los cuarteles militares? —le enoja la indiferencia del funcionario—. Se sienta y nomás nos está viendo. No tiene corazón.

«¡Haaaaay cacahuates! ¡Floooor de Jamaaaaica!»

En una camioneta vieja pasan de casa en casa tratando de vender. Él es alto y fuerte. Ella, morena y delgada, con el cabello recogido en una coleta. Lleva falda y una blusa gastada por el uso.

Van hacia los barrios, ofrecen sus productos entre las casitas más alejadas, donde acaba Cocula y empiezan los cerros verdes y calurosos.

—¿De a cómo el kilo?

—Le hago buen precio.

Venden poco. A nadie le interesan los cacahuates; tal vez aquí no toman agua de Jamaica. Cuando baja el sol emprenden el regreso.

«¿Qué vio usted? ¿Algún movimiento raro? Las casas sí checan más o menos con la descripción que nos dieron. Sí, eran ésas. Es el «punto», el lugar que dio el tipo que nos llamó. Mañana las observamos más, ¡ponga atención a las puertas! Esa ventana cerrada con tablas es sospechosa.»

Los vendedores son en realidad dos padres de desaparecidos, Hilda y Bernabé. Ella era ama de casa y él campesino, pero ahora ya no son sino padres desesperados que arriesgan sus vidas para buscar a sus hijos.

Preguntan casa por casa. Buscan sobre todo en cuevas, iglesias y casas abandonadas.

—¡La Cueva del Diablo está pendiente! —ya han ido, pero vuelven a mencionarla—. No sé si es terquedad o desesperación, pero volvemos a ir aunque ya hemos visto que no están.

¿Dónde buscar a un hijo desaparecido? Las ciudades se hacen inabarcables. Tantas casas, tantos muros y puertas cerradas. Los campos parecen crecer; la vista jamás alcanzará para recorrerlos. Las montañas son inmensidad que abruma. Por eso confían en cualquier dato que reciben, aunque no conozcan al informante. Un pequeño dato renueva la esperanza.

Apenas amanece, Hilda arranca de nuevo con un pequeño grupo que pretende ser discreto. En su mochila lleva una chamarra, galletas y una botella de agua. Cuando sale a buscar y no siente frío ni hambre, da igual si trae tenis o chanclas. El cansancio no existe.

Más rápido que los hombres, trepa a la camioneta en cinco segundos. Su rostro es serio pero el corazón late deprisa.

—Es la esperanza. Pienso que voy a regresar con mi hijo y con los demás muchachos.

Desde que se llevaron a su Jorge Antonio, sólo siente la sangre en el cuerpo al momento de empezar una búsqueda; sólo la sostiene caminar detrás de una pista. El resto del tiempo ni concilia el sueño.

—¿Sabe cuándo es el único momento en que duermo? Dentro de los autobuses, cuando vamos a algún lado.

Pero a veces sueña, ¡qué bonito es! Recordarlo le arranca una sonrisa pequeñita pero reconfortante, una única sonrisa entre miles de lágrimas de cada día, una mínima muestra de la vida feliz que alguna vez tuvo.

—He soñado con mi hijo varias veces. En una ocasión le dije «Vámonos», ¡y me dijo que sí! También lo soñé en un salón. Me dijo: «No puedo ir, la maestra no me da permiso». En otro sueño le di un abrazo; abrazarlos es con lo que soñamos todas —la sonrisa se cuela y enseguida se va—. En una ocasión lo soñé golpeado.

Hilda llora. Odia la noche: marca para ella otro día que pasó sin encontrarlo. Odia las mañanas: la enfrentan a un nuevo día sin él.

El dolor la transformó. Antes de la desaparición de su hijo había pasado 42 años dentro de su casa.

—Estaba enfrascada en mi mundo, en mis hijos, en cuidarlos y ver por ellos. No salía.

Durante veinte años lavó pañales, hizo comidas, planchó uniformes escolares, compró cada cuaderno y se cargó al hombro a su familia entera porque el padre de sus tres hijos emigró a Estados Unidos en 1999 y nunca regresó.

Él manda dinero pero no alcanza; ella trabaja para completar el gasto. Cose una cortina de papel mientras los niños van a la escuela; ya está vendida. En las noches, si queda tiempo, aprovecha el encargo de unas piñatas. ¿Pulseras? Claro, también las hace.

Es una madre de tiempo completo. No conocía más allá de Tixtla, su pueblo natal, y ahora ya no tiene miedo: recorre los lugares más peligrosos del estado de Guerrero, uno de los más violentos del país.[15]

—¿Doña Hilda? —observa otro padre de familia—: es nuestra comandanta.

Camina Hilda, la madre de José Antonio, la mujer de su casa. Amilana el tormento. Es un antídoto, porque «ya nos estamos volviendo locos de tanto pensar».

---

15   Durante los últimos años, el estado ocupa el primer lugar en cuanto a tasa de homicidios y nivel de impunidad. En 2013 se registraron 69.57 asesinatos por cada 100 000 habitantes, según datos oficiales revelados por el Consejo Ciudadano para la Seguridad Pública y la Justicia Penal. En 2014 el índice ascendió a 100 asesinatos por cada 100 000 habitantes, cuando el promedio nacional es de 13 y el mundial de 6, según un estudio realizado en 22 países por el Instituto para la Economía y la Paz, publicado en julio de 2015. Por cuatro años consecutivos, la organización Seguridad, Justicia y Paz ha ubicado al puerto de Acapulco, principal ciudad turística de Guerrero, entre las tres ciudades más peligrosas del mundo.

CLEMENTE

. . . .

—¿QUIERE VER EL ARMA? AQUÍ LA TRAIGO —ME PRE-gunta Clemente en un salón de la Normal Rural. Es el padre de Christian Alfonso Rodríguez Telumbre, uno de los 43 desaparecidos.

Lentamente se quita la pequeña mochila negra que siempre carga. Se la acomoda sobre el pecho, colgando de un solo hombro. Abre el zíper más grande y vuelve a mirarme.

—¿Está segura de que la quiere ver? —inquiere sin bajar la mirada. Tiene aspecto recio y lleva una gorra de tela tipo militar.

Le respondo que sí. Entonces mete un brazo en la mochila y saca un cuaderno ajado.

—Ésta es mi arma; es lo único que traigo. Aquí anoto todo lo que va pasando. De tantos rumores uno saca sus conclusiones y con eso hago estrategias o marco puntos para la búsqueda. Les digo a los padres de familia: «¿Saben qué? Vayan a este lugar». Y salen en grupos no muy grandes, como de diez.

Clemente va y viene sin llamar la atención. Le pregunto «adónde fue»; responde con una sonrisa.

Apenas recibió la noticia de los ataques, la mañana del 27 de septiembre de 2014, se trasladó a Iguala junto con otros padres de normalistas. Primero fueron a los hospitales, después a la Policía Municipal (donde «todo nos negaban»), al Ministerio Público, a recorrer colonias...

Todo empeoró cuando tuvo enfrente a los militares. En el 27 Batallón de Infantería preguntó por los estudiantes y se topó con la indiferencia de los soldados de bajo rango.

—Les pregunté por qué no acudieron si estaban a escasos metros del cuartel. Me dijeron que no oyeron nada. ¿De los disparos de grueso calibre no oyeron nada? —se indigna al recordar—. ¿Sabe qué me contestaron? Que los muchachos asumieran las consecuencias porque se lo merecían por vándalos encapuchados.

El desprecio a su hijo fue un golpe en la cabeza. No pudo dejar de pensar; entendió de trancazo que la situación era mucho más complicada de lo que había imaginado. Dentro de él creció un dolor hondo, desconocido. ¿Cómo era posible no saber nada? ¿Dónde estaba Christian? Nunca había pasado más de una semana sin verlo.

—No se puede estar. No se puede dormir. ¡No se puede nada! Siempre estoy pensando en mi hijo, se me meten ideas en la cabeza. ¿Lo estarán golpeando? ¿Lo torturarán? ¿Le darán de comer? ¿Lo tendrán trabajando en la sierra o con los sicarios? ¡Por lo menos que le den de comer!... O que lo suelten... Despierto cuatro veces en la madrugada. Si en la calle ladran perros, me paro rápido pensando que ahí viene mi hijo. Salgo a la puerta y no hay nadie. Así todos los días. Pero, ¿sabe qué?, no me siento agüitado ni triste porque sé que mi hijo está vivo y va a aparecer en cualquier lugar. En la puerta de casa le dejo un cordoncito que él ya conoce; en cualquier momento lo va a jalar.

Suena el celular austero que siempre trae en la mano. Es una amenaza: «Bájale. Te vamos a dar una calentada».

—Y yo todavía contesto con otro mensaje. Digo: «Los padres de familia estamos muy dolidos, te pido de corazón que si sabes dónde están los muchachos dinos y te prometo que mi hijo no te va a denunciar».

Habla con extorsionadores, secuestradores y morbosos. Podría ser el gobierno vigilándolo. Ya no le importa: para él no existen límites desde que su hijo está desaparecido. Me cuesta oírlo cuando Clemente habla susurrando para decirme:

—Yo también he ido a buscar por mi cuenta, arriesgando mi vida. Fui al municipio de Cocula y me metí en unas cuevas. A mucha gente le preguntaba si había visto alguna señal de los muchachos. He ido por todo Cocula, Huitzuco, la Cueva del Diablo. Luego por otras cuevas aquí cerca que no me acuerdo cómo se llaman.

—¿No es como buscar a ciegas? —le pregunto.

—Pues sí. En mi tierra sabría dónde va un camino, dónde una barranca, el cerro, aquella loma, aquella ladera hasta dónde llega, si hay o no salida, pero aquí nadie me acompaña, camino solo. Si se corre la voz, a los muchachos los pueden cambiar de lugar. Claro que da miedo, pero uno se la va rifando. Yo doy la vida por mi hijo. Si me dicen «Vienes y él sale», lo hago. Él tiene 17 años y yo 46; como quiera, voy de salida.

Iguala es el peor lugar por la horrible sensación de que ahí atacaron a los muchachos. Además la gente «se hace la que no sabe, dice que no ha visto nada» y «nos andan grabando. Los motociclistas, los de las pizzas, se paran enfrente de nosotros, a unos veinte metros, y graban. La gente nos ve, murmura y graba, ¡como si nosotros fuéramos los delincuentes!».

Clemente y su familia viven en una casa de adobe en Tixtla, la ciudad vecina de la normal de Ayotzinapa. En la puerta, cubierta por una densa capa de tierra, está estacionada su camioneta traqueteada.

—Yo me dedico a vender agua de garrafón... Me dedicaba, porque después de lo que sucedió tuve que dejar a mis clientes, tuve que dejar todo. Muchos padres tuvieron que dejar su siembra.

EMILIANO

. . . .

ES UNA FOTOGRAFÍA TOMADA EN UN LUGAR DIFÍCIL DE identificar porque detrás hay cerros y árboles, paisaje común a muchas zonas de estado de Guerrero. Son trece hombres. Uno lleva playera negra y gorra deportiva blanca; los demás tienen uniforme camuflado en tonos azules, botas militares, armas de grueso calibre, chaleco antibalas y el rostro pintado.

El contraste impacta: un padre de Ayotzinapa con ropa de uso diario y los soldados mexicanos como Rambos de película gringa. La imagen fue tomada en una de las búsquedas conjuntas entre familiares, Gendarmería y Policía Federal.

Emiliano Navarrete, el hombre sin uniforme, es padre del desaparecido José Ángel Navarrete González.

—Antes nos daban chaleco antibalas y todo eso. Ahora andamos sin nada. Les hemos dicho «Dennos un arma aunque sea», pero no quieren.

Casi a diario anda entre cuevas, campos y brechas.

—Ya he buscado en más de cien lugares —comenta sin hacer caso de las críticas de otros padres que dicen que «es una búsqueda pendeja».

Con orgullo muestra fotos de sus travesías, pruebas de que hace cuanto puede para dar con su hijo.

—Éste es el Pozo de Meléndez, rumbo a Taxco. Fuimos ayer. Cuentan que aquí [el ex gobernador Rubén] Figueroa tiraba a la gente en la década de los setenta.

Figueroa es el apellido que simboliza el poder político del estado de Guerrero. Rubén Figueroa Figueroa, *el Tigre de Huitzuco*, fue gobernador entre 1975 y 1981, y, junto con el militar Mario Arturo Acosta Chaparro, ejecutor allá del terrorismo de Estado oficialmente denominado *guerra sucia*. Figueroa persiguió a campesinos, líderes sociales y estudiantes. Uno de sus hijos, Rubén Figueroa Alcocer, también fue gobernador, en 1993, y dejó el cargo tres años antes de lo previsto, acusado de ordenar la masacre de Aguas Blancas, el multihomicidio de diecisiete campesinos de la Organización Campesina de la Sierra Sur, el 28 de junio de 1995 durante una protesta en el municipio de Coyuca de Benítez.

Después de viajes a lugares recónditos como el Pozo de Meléndez, Emiliano regresa a su casa a las 2 de la mañana y a las 5 vuelve a salir. Aunque el cuerpo se cansa, el espíritu se reactiva. Buscar le da fuerzas, porque antes, dice, «no me entraban ganas de comer».

—A veces quería que me inyectaran algo nada más para no estar abriendo mi boca. Esto te tumba.

Entre los familiares, él es quien ha estado más cerca de gendarmes y policías. Confía en los altos mandos que el gobierno le ha puesto como contactos, Enrique Galindo[16]

---

16   Enrique Francisco Galindo Ceballos es comisionado general de la Policía Federal de México. Fue nombrado en marzo de 2014, seis meses antes de los ataques en contra de normalistas en Iguala.

y Manelich Castilla.[17] Le gusta el trato que le dan: toman sus llamadas telefónicas e incluso le marcan.

—Me llama Enrique Galindo desde México y me dice: «Don Emiliano, usted es para mí una persona especial, lo estimo. Le mando un abrazo».

—¿Cómo hace para confiar en ellos cuando fueron policías quienes se llevaron a los muchachos?

—Si ellos los tienen, agarro un poco de amistad y puede que me los cuiden. Que cuiden a mi hijo y a los demás.

Al principio los padres pasaban datos a las autoridades y con esa información se organizaba la búsqueda. Después cambiaron el modo de operar y ahora son los familiares quienes salen de avanzada, estudian el caso y si encuentran algo importante piden ayuda urgente sin revelar el destino.

«Queremos una reunión con ustedes mañana», le dicen a Castilla. «Sí, don Emiliano, vénganse a la hora que quieran.»

—Recién al salir les decimos por dónde se hará la operación. No dejamos que ellos investiguen ni avisamos antes de ir porque no tiene caso. Apenas esta semana fuimos rumbo a Teloloapan a catear cinco casas.

Los muchachos no aparecieron pero detuvieron a varias personas gracias a su búsqueda (por ejemplo, en enero

17   Manelich Castilla Craviotto es comisario de la Gendarmería Nacional, creada en 2014. Es abogado. Fue entrenado por la Policía Nacional de Colombia, el Buró Federal de Investigación de Estados Unidos (FBI, por sus siglas en inglés) y la Real Policía Montada de Canadá. Antes de ser designado al frente de la Gendarmería trabajó para la Fundación Telmex del magnate Carlos Slim. En notas publicadas por la prensa se le acusa de ser protegido del millonario y de tener vínculos con los cárteles de Sinaloa y Los Zetas (*Los Angeles Press*, Tomás Borges, 5 de agosto de 2013).

de 2015 arrestaron a nueve personas y decomisaron armamento en un lugar descubierto por los padres de familia).

Emiliano relata noches a la intemperie en sierras deshabitadas, sin más abrigo que una cobija. Horas de incertidumbre en zonas de plantaciones de amapola, donde manda el narco.

—Sí es peligroso pero jamás me he arrepentido de haber ido a algún lugar. Nunca he sentido miedo, quizás por el coraje, la indignación que tengo —él también lleva un cuaderno de apuntes—: al principio no se me grabada nada, pasaba un día y no me acordaba de lo que veía. Ahora voy asimilando cosas y lugares, anoto, y ya llené una libreta con puros lugares adonde he ido. Ya empecé otra.

Su otro aliado es el teléfono. En sus 39 años de vida nunca había tenido un celular y ahora carga dos, uno austero y otro con tecnología *touch*. El moderno le sirve para tomar fotos y videos, mientras que el otro nunca deja de sonar: su número está en volantes informativos que se han repartido entre la gente. Dos mensajes entran una noche mientras platicamos. Dicen: «Tengo algo de información espero le pueda servir. Hay una familia que vive en la colonia Las Parotas en Iguala, la última casa pegada al cerro. Si pudieran ir a verlos porque ellos vieron que esa noche a las 12.30 aproximadamente unos tipos en camionetas llevaban a unos muchachos».

Muestra otro número y relata:

—De éste me han mandado muchos mensajes. Decían que tenían a Antonio Santana Maestro, uno de los 43. Comentaban: «Ten fe en Dios que nosotros no le vamos a hacer daño y te lo vamos a entregar sano y salvo». Le pregunté: «¿Dónde está el chavo? ¿Dónde estás tú? ¿En qué calle?». Respondió: «Hidalgo, en Huitzuco, una casa amarilla». Todos los mensajes los mandaba por cobrar, fueron más de veinte. Era una mujer, y después me dijo: «Ya no te puedo mensajear». Busqué a los padres de Antonio y les dije: «Tengo este dato, no sé si sea verdad».

Los meses pasan sin novedades pero Emiliano aún recibe mensajes. Paga por ellos, apunta, investiga, visita los lugares que le mencionan.

—Dudamos si hablan en serio o están jugando pero no podemos descartar ninguna información. Aunque sea mentira lo vamos a investigar.

En una soleada tarde de enero en Taxco, los turistas van de una tienda a otra comprando objetos de plata. En la plaza, junto al kiosco y la iglesia con muros de cantera, se instalan familiares y algunos normalistas de Ayotzinapa. Buscan difusión y también el respaldo de otros ciudadanos.

—Pero apenas entramos a Taxco, luego luego los oímos decir «Ya llegaron estos pinches revoltosos». Fuimos a hacer un plantoncito, un mitin, pero no lo va a creer, ¡el mismo cura puso al sacristán a tocar las campanas bien recio! ¡Hasta el cura! La gente que estaba con nosotros empezó a chiflar. Se calmó un poco, seguimos ahí y al poco rato otra vez las campanas. ¡Qué comportamiento tan vergonzoso el de ese párroco! —se borra la sonrisa de Emiliano, que es su gesto natural, y muestra la fotografía del sacristán tocando las campanas para silenciar sus voces. Entonces habla de Dios, de su fe y esta situación que nunca imaginó. Su voz se quiebra al recordar un día que estaba solo en su casa:

—Veía las imágenes de santos que tengo en la sala. Veía los santos, las imágenes de Cristo, y les preguntaba: «¿Por qué me dejaron solo en manos de estos criminales?». Si en realidad existen, porque yo sé que existe Dios, que en mí hizo un milagro, ¿por qué no me ayuda con mi hijo para que regrese a casa?

Emiliano Navarrete es albañil. Emigró a Estados Unidos en 1996, cuando su esposa quedó embarazada por segunda vez. Fueron años difíciles: no vio crecer a su hija mayor y a José Ángel lo conoció en fotografía. Vuelve a emocionarse con el puro recuerdo de su niño pequeño y desnudo.

En 2003 logró regresar por noventa días y después se fue por otros tres años. Con su sueldo construyeron la casa pero a un precio demasiado alto: no acompañó a sus hijos cuando daban los primeros pasos, no los llevó a la escuela, no los pudo disfrutar, y a José Ángel lo conoció cuando tenía siete años de edad.

Ahora que su muchacho está desaparecido se atormenta con recordar el tiempo perdido y también que justo ahora vivían el mejor momento de su relación.

—Me gustaba cómo estaba cambiando desde que iba a la normal. Se ponía a barrer, a limpiar, y conversaba conmigo.

Repasa cada instante de la última vez que se vieron, el jueves 25 de septiembre de 2014, cuando José Ángel salió del internado para comer en familia.

—Platicamos. Le dije: «Hijo, la verdad no tengo dinero para comprarte un par de tenis, una camisa, un pantalón o lo que necesites». Me contestó: «No se preocupe, papá». Me avisó que se iba a las 6. Ese día yo no traía ni un pinche peso en la bolsa y tenía que volver al trabajo. Le di un abrazo: «Hijo, te quiero mucho. Dondequiera que estés te voy a buscar». No sé ni por qué dije esas palabras, pero se las dije. Pasé a pegar un lavabo y le cobré a la señora cien pesos. Eran las 6 cuando me regresé a la casa en bicicleta y de una cuadra a la otra vi a mi hijo. Pedaleé recio para alcanzarlo y darle los cien pesos, pero cuando llegué a la esquina me había ganado: él ya iba en la siguiente. Alcancé a ver que se subía a una combi. Fue la última vez que lo vi.

Salen lágrimas de los ojos de Emiliano. Mira de frente y repite:

—«Dondequiera que estés», le dije, «te voy a buscar».

CUATRO

SEGUIR

LO MÁS ALTO

E<small>N LAS POCAS FOTOGRAFÍAS QUE DIFUNDE LA</small> P<small>RESI</small>-dencia hay rostros tensos. Ni una sonrisa, ni el gesto mecánico que muchas veces surge al momento de estrechar manos. El 29 de octubre de 2014, cuando ha pasado más de un mes de los ataques, el presidente Enrique Peña Nieto recibe en la residencia de Los Pinos a los sobrevivientes y familiares de Ayotzinapa.

El encuentro se concreta a solicitud de las víctimas. El mandatario acepta bajo condición de que se realice a puertas cerradas, sin acceso para la prensa.

De un lado están Peña Nieto, los más altos funcionarios de seguridad y justicia del país y el gobernador interino de Guerrero, Rogelio Ortega. Son doce hombres de traje y corbata.

En los tres muros de enfrente, 120 familiares que llegaron molestos pero van enojándose más con el paso de los minutos. Mientras desnudan su dolor y reclaman por la inoperancia de los funcionarios, Peña Nieto y su equipo «dialogan entre ellos, secretean». El presidente, según me cuenta *Omar García,* «consultaba todo con los demás. Hasta le pasaban papelitos».

Felipe de la Cruz, maestro y padre de un sobreviviente, toma el micrófono. Peña Nieto lo escucha con atención; asiente a sus primeras frases pero se queda tieso cuando el padre guerrerense, dedo en alto, dice:

—Le ponemos un plazo, no mayor de tres días, para saber resultados concretos. No están en las fosas, definitivamente no; ya se pasaron de cuerpos: no son 43, son muchos más, y eso quiere decir que nuestros muchachos están vivos.

Frontal, aclara que no votó por él pero le exige una respuesta inmediata «a nombre del pueblo que lo nombró a usted». Le pide que resuelva o renuncie. La comitiva oficial queda en silencio. Entre los familiares, una voz grita: «¿Quién se llevó a nuestros hijos?». Muchas voces responden: «¡Los policías! ¡Los policías! ¡El Estado mexicano!»

La tensa reunión dura casi seis horas porque cada familiar toma el micrófono. Además los padres llevan un pliego petitorio con diez puntos. Exigen que Peña Nieto firme en ese momento, de lo contrario amenazan con quedarse en la residencia presidencial. Rostros pálidos en la comitiva oficial; el cuchicheo y los papelitos no son suficientes.

—Parecía que no esperaban un reclamo organizado de diez puntos —relata *Omar García*—. Esperaban quejas y llanto como en otras reuniones con funcionarios. Entonces salieron del cuarto para hablar y regresaron casi una hora después.

Firman. Aunque hay un acuerdo, los rostros de gobernantes y familiares expresan sentimientos opuestos.

Enrique Peña Nieto da un mensaje en cadena nacional. Se le ve casi sonriente cuando anuncia un balance positivo. «Habremos de dar con los responsables, aplicar la ley tope donde tope», dice, y promete «atención integral» para los familiares de desaparecidos, asesinados y heridos, así como «apoyar a las escuelas normales rurales del país» y reconoce «la necesidad de tener un espacio de encuentro permanente que permita informarles de manera oportuna y veraz el curso de las investigaciones».

Después, los familiares ofrecen una conferencia de prensa en el Centro de Derechos Humanos Miguel Agustín Pro Juárez. A diferencia del mensaje presidencial, no la transmiten todas las televisoras y radioemisoras del país: sólo algunos medios, en su mayoría independientes, vía internet.

Epifanio Álvarez, padre del normalista Jorge Álvarez Nava, habla serio. «Para nosotros esta reunión es como otras más que hemos tenido con el procurador y el secretario de Gobernación, y es igual porque no tenemos respuesta, es lo mismo de siempre». También Felipe de la Cruz se ve enojado: «Salimos con la misma noticia. Prometen todo el esfuerzo del Estado pero no tenemos nada». Desmiente el acuerdo que minutos antes anunció el presidente: «No se dan cuenta de que el sufrimiento no se negocia, de que las vidas humanas no tienen precio».

Nicolás Andrés Juan, padre de Édgar, uno de los heridos de gravedad, apunta: «Aunque este hecho sucedió en el estado de Guerrero, no exime de responsabilidad del gobierno federal para poner de su parte y darnos una respuesta razonable. La reunión de hoy no ha sido satisfactoria».

Sus rostros muestran el cansancio de un mes sin sueño y la impotencia de quien tiene necesidades urgentes pero no ve remedio a la mano. Están desesperados. «No vamos a confiar en las palabras del presidente hasta que nos presenten a los 43».

El diálogo con las autoridades pende de un hilo cada vez más delgado.

LA MECHA

EN MÉXICO TODOS HABLAN DE AYOTZINAPA. IGUAL EN bardas que en casas de familia, hay carteles y grafitis, moños negros en las puertas y el número 43 en las ventanas. Algunos negocios ponen letreros. La entrada de la Escuela Nacional de Música está cubierta por una bandera que dice «Cero tolerancia al crimen de Estado».

En las esquinas, grupos de dos o tres personas aprovechan el alto del semáforo para desplegar algún cartel informativo. Las expresiones se multiplican por todo el país y son de lo más diversas. Hay *performances* en Guadalajara, marchas teatralizadas en San Miguel de Allende e instalaciones de 43 bancas vacías en muchas escuelas. Maestros y estudiantes toman casetas en Michoacán, cierran aeropuertos en Acapulco y Morelia, queman edificios públicos en Guerrero.

Decenas de artistas e ilustradores inician una campaña que consiste en retratar a alguno de los 43 con la leyenda «Yo, *(nombre del autor),* quiero saber dónde está *(nombre del normalista desaparecido)»*. Eduardo Mirafuentes, *Bodox,* uno de los convocantes, explica que la propuesta es «un gesto solidario y de acompañamiento, una forma de reclamar, hasta su cautiverio o hasta la fosa, la libertad de un desaparecido».

En las marchas, que son cada vez más frecuentes —hasta dos por semana—, cientos de miles inundan las calles de la capital y 65 ciudades del país, una marea humana con los estudiantes como protagonistas. La del 23 de octubre es «la marcha estudiantil más grande en décadas», dice Jenaro Villamil en su crónica para la revista *Proceso*. Alumnos de secundaria, preparatoria y universidad son mayoría en las manifestaciones pero también discuten en las aulas, se organizan y convierten al metro en otro lugar de protesta, con cantos que retumban dentro de los vagones.

«Vivos se los llevaron, vivos los queremos» es sin duda la consigna más popular. Los jóvenes la repiten con emoción desbordante; para ellos es la primera vez. Los más grandes lloramos con sólo oírla porque es la misma que desde 1977 gritan las madres del Comité ¡Eureka!, la misma que escuchamos y repetimos con ellas por décadas, la que en los últimos años refiere también a miles de hombres y mujeres desaparecidos en la mal llamada «guerra contra el narcotráfico».

El otro grito fuerte, visceral, es el conteo. «1, 2, 3, 4, 5, 6, 7, 8, 9, 10, 11, 12, 13, 14, 15, 16, 17, 18, 19, 20, 21, 22, 23, 24, 25, 26, 27, 28, 29, 30, 31, 32, 33, 34, 35, 36, 37, 38, 39, 40, 41, 42, 43... ¡Justicia!» Un paso con cada número, y en la enumeración se dimensiona el tamaño del hueco.

Fuera de esas dos consignas, las multitudes caminan solemnes, casi en silencio. Hay pocas insignias de partidos o grupos políticos. Ciudadanas y ciudadanos llevan fotografías de los muchachos desaparecidos, flores y velas con las cuales escriben un gigantesco «Fue el Estado» en la Plaza de la Constitución.

Cargan un sinfín de carteles con leyendas: «Todos somos

Ayotzinapa», «No son sólo 43»; «Fue el Estado»; «43 semillas»; «Me desaparecen, luego existo»; «Si no hay justicia para
el pueblo, que no haya paz para el gobierno»; «Fuera Peña».
También el Multiforo Alicia, espacio cultural independiente,
imprime afiches que distribuye entre los manifestantes; uno
de ellos dice «Los queremos vivos, los queremos en casa».
Actrices de teatro cargan espejos para que los demás se vean
reflejados.

Hay asambleas interuniversitarias, larguísimas reuniones para organizar mítines. Convocan a la primera Acción
Global por Ayotzinapa el 22 de octubre y cerca de 450 000
personas marchan en la capital. La protesta se reproduce
en otras ciudades de México y el mundo. Las redes sociales son un hervidero, invadidas por consignas y fotos alusivas (después Wikipedia y Facebook señalarán que el tema
está entre los más populares del mundo en 2014, a la par
del Mundial de Futbol de Brasil).

En el exterior, los diplomáticos mexicanos viven una
pesadilla que empezó el 2 de octubre, cuando quince personas empapelaron con fotografías de los desaparecidos el
edificio de la embajada de México en Reino Unido. Empezó con el comité London Mexico Solidarity, pero enseguida se multiplica por el mundo. Las acciones van desde
entrega de cartas y eventos académicos a protestas más
ruidosas, incluso dentro de estadios de futbol, como ocurre en el partido amistoso Holanda-México. Frustran los
intentos del Servicio Exterior por pasar la página y orillan a los funcionarios a cancelar numerosos eventos por
miedo a manifestaciones.

Miles de tuiteros pelean minuto a minuto por difundir
el caso. Usan hasta el último de los 140 caracteres que permite esa red social para convocar a protestas y exigir justicia. Se valen de las *etiquetas* o *hashtags*, es decir, títulos

que empiezan con un signo # para que el tema se cuele entre los más populares del planeta. #Ayotzinapa y #AyotzinapaSomosTodos llegan a lo más alto y los reproducen incluso personajes públicos de bajo perfil político, como el futbolista Javier Hernández, *El Chicharito*.

En su concierto en la ciudad de México, el grupo puertorriqueño Calle 13 sube al escenario a tres padres y cuatro estudiantes, con lo cual Ayotzinapa se filtra también en las noticias internacionales de espectáculos.

Desde el penal de Santa Marta Acatitla, los reclusos publican un conjunto de poemas sobre Ayotzinapa editado por la periodista Ariane Díaz. En la dedicatoria escriben a familiares y sobrevivientes: «Estamos con ustedes. Estamos con ustedes desde aquí: el infierno y el paraíso de la esperanza».

Esperanza es una palabra que resuena y se piensa en todas partes. La alimenta una movilización social desconocida en las últimas décadas, por la diveresidad de sus asistentes y lo masiva que llega a ser. ¿La presión será suficiente para que aparezcan los muchachos? ¿Se resolverá el caso? ¿Es el comienzo de un nuevo despertar ciudadano?

Dolor y fuerza conviven, se alimentan. Mueven al país y reúnen en una misma plaza a personas que no se encontrarían de otra manera. Catalizan el descontento social en torno a otros temas pendientes, que van desde masacres hasta privatizaciones y pobreza. Nadie sabe hasta dónde llegará el impulso; lo único cierto es que Ayotzinapa encendió una mecha.

El periodista Julio Hernández López, autor de *Astillero*, la columna política estelar del diario *La Jornada*, considera que las protestas «representan el mayor asomo de reacción popular en contra de las políticas gubernamentales en toda la historia moderna del país. Es una muy fuerte llamada de atención a que las cosas tienen que cambiar con rapidez, de fondo y con un sentido de justicia social». Le parece justo el reclamo hacia el gobierno federal porque

México es un país absolutamente presidencialista y con el regreso del Partido Revolucionario Institucional, la instalación de Peña Nieto, se ha establecido una forma de control de todas la actividades políticas y policiacas. Aun cuando no hay la constancia ni la percepción de que personalmente un alto funcionario hubiese dado la orden de que las cosas sucedieran así en Iguala, lo cierto es que el Ejército, la Policía Federal, Gobernación y el Centro de Inteligencia y Seguridad Nacional necesariamente daban seguimiento a todas las movilizaciones de los estudiantes de Ayotzinapa.

Hubo acciones y omisiones desde el gobierno federal que implican una complicidad en los hechos específicos de Iguala pero luego también un silencio de más de diez días en el cual, a pesar de la dimensión de la tragedia, el Gobierno Federal fingió que la jurisdicción estatal le impedía asomarse a un tema de jurisdicción nacional e internacional. La conjunción del gobierno y el Estado permitió y propició lo que pasó en Iguala.

El profesor Edgardo Buscaglia, experto en seguridad y delincuencia organizada, opina que lo ocurrido el 26 y 27 de septiembre fue sin duda un «crimen de Estado. Y no lo digo yo: el procurador admitió que la policía entregó a jóvenes a manos de la delincuencia organizada». Agrega: «No es la primera vez; esto sucedió en San Fernando,

Tamaulipas» (con el asesinato de decenas de inmigrantes en agosto de 2010).

> Hay decenas de miles de desaparecidos en este país, decenas de miles de desapariciones forzadas como las que ocurrían en Argentina y Chile pero con la diferencia de que no hay una junta militar centralizando el terrorismo de Estado. En México es aún peor por la descentralización, la atomización del terrorismo de Estado, en la que cada alcalde es como una pequeña junta militar argentina. Las desapariciones son por razones ideológicas, políticas, que definen a un crimen de lesa humanidad.

En su opinión el caso del alcalde de Iguala no es único: sus investigaciones muestran que desde 2008, 63% de los municipios mexicanos están infiltrados por la delincuencia organizada y la policía pertenece a ella. «Un pedazo del Estado ya pertenece al grupo criminal y no existe corrupción policial de ese tipo sin corrupción política».

—¿Se puede hablar de *narcoestado*? —le pregunto.

—Es mucho peor que eso. México es un país importador y exportador de seres humanos que son comprados y vendidos en un mercado de esclavitud. Hay grupos criminales de diferente origen dedicados a diferentes delitos económicos, comprando a políticos a través de sus campañas electorales, donde nadie pregunta de dónde viene o hacia dónde va el dinero. Las listas de precandidatos a las elecciones primarias, por ejemplo, son predeterminadas por dos o tres caciques que ellos controlan, porque aquí no tienes un sistema de listas abiertas donde el pueblo vote por quien tú vas a ver en las elecciones generales. Esto no es un narcoestado: esto se ha transformado en una mafiocracia.

ENFRIAR

· ·

ES CASI DÍA DE MUERTOS, UNA ÉPOCA QUE EN MÉXICO LE-
vanta más que coloridos altares. Tiempo de sentimientos a
flor de piel, de extrañar a los ausentes. Son días incómodos
para quienes tienen a un familiar desaparecido, porque enfrentan la compleja realidad de que los seres queridos no
están muertos, pero tampoco están aquí. Para los desaparecidos no hay altares.

Sin embargo, en este 2014 muchas personas integran a
los 43 en sus ofrendas. Les ponen comida y bebida junto a
carteles de «Vivos los queremos». Así lo hace doña Mary,
encargada de la Alberca Coyoacán. Su gesto de solidaridad
pone en aprietos a los padres de los niños nadadores, que
ahora preguntan: «¿Quiénes son esos muchachos?»

La movilización social está a tope cuando el 4 de noviembre las autoridades anuncian la captura del alcalde
prófugo y su esposa. Grupos policiales de elite realizan un
operativo videograbado y las imágenes de José Luis Abarca
y María de los Ángeles Pineda dentro de una humilde casa
de la delegación Iztapalapa se reproducen una y otra vez
por televisión.

Tres días después, en la Facultad de Economía de la
Universidad Nacional Autónoma de México empieza un

diálogo de estudiantes universitarios con dos normalistas de Ayotzinapa, *Omar García* y *José Solano*. Los guerrerenses están nerviosos: les llamaron para avisarles que el gobierno anunciará algo importante y piden retrasar la plática.

Los altavoces del auditorio Mao Tse Tung reproducen en vivo la conferencia de prensa que ofrece el procurador general de la República, Jesús Murillo Karam. El murmullo de la reunión estudiantil da paso a un silencio cada vez más denso a medida que el funcionario explica las conclusiones de la investigación oficial.

Dice que los 43 estudiantes desaparecidos fueron asesinados y calcinados la misma noche del 26 de septiembre en el basurero de Cocula, ciudad vecina a Iguala. Afirma que una vez reducidos a cenizas, sus restos fueron introducidos en bolsas de plástico y lanzados al río San Juan. Sólo pudieron recuperarse fragmentos con «alto nivel de degradación», asegura el procurador, lo cual «hace muy difícil la extracción de ADN que permita la identificación».

La versión se sustenta en los testimonios de tres presuntos participantes materiales de los hechos, presuntos integrantes del crimen organizado. Murillo Karam deslinda al Estado de toda responsabilidad al afirmar que «Iguala no es el Estado mexicano» y pone fin a las preguntas de periodistas con una frase que se hará célebre: «Ya me cansé».

Omar y *José* no hacen gesto alguno. Se mantienen en silencio con el rostro en alto. Los universitarios, en cambio, platican en voz baja: «¿Escuchaste bien? ¿Entonces los quemaron? ¿A todos?» La información es confusa, y más aún porque en el auditorio sólo se retransmite la señal de una radiodifusora: no pueden verse las fotografías que el procurador proyecta durante la conferencia. Son retratos de algunos detenidos, imágenes de los camiones en los cuales se afirma que los transportaron y del basurero donde se asegura que los incineraron, un lugar rodeado por vegetación frondosa.

Han pasado 42 días de los hechos cuando llega este primer gran anuncio oficial, y es terminante: no hay sobrevivientes, ni siquiera restos óseos identificables, salvo por unos pocos fragmentos que se mandaron analizar a la Universidad de Innsbruck, Austria, por recomendación del Equipo Argentino de Antropología Forense, la mayor autoridad mundial en el tema.

Los normalistas corren a tomar el primer autobús hacia Guerrero; quieren estar junto a los suyos pero adelantan que no aceptarán la versión hasta ver pruebas contundentes.

Apenas unas horas después persisten muchas dudas respecto a la versión oficial. ¿Pudieron ser incinerados en un basurero al aire libre y bajo la lluvia? ¿Es posible que restos óseos sometidos a varias horas de intenso fuego hubieran sido guardados pocas horas después en bolsas de plástico sin que éstas se desintegraran? ¿Por qué si hubo una intensa y extensa fogata ningún árbol circundante está quemado y hay pasto en el piso? Tanto expertos como periodistas y ciudadanos se hacen cada vez más preguntas.

Mientras el presidente Enrique Peña Nieto se alista para iniciar una gira por China, un grupo de ciudadanos convocan a una marcha de rechazo a la versión oficial sobre lo ocurrido en Iguala. Es sábado; miles de familias salen a las calles de forma pacífica, pero al final de la concentración hay disturbios. Un grupo de jóvenes arremeten contra el edificio del Palacio Nacional, sede de la Presidencia. Primero pintan la puerta, y pocos instantes después la incendian.

Arde la madera y arranca la maquinaria noticiosa; en los ámbitos nacional e internacional ya no se habla más que de violencia; atrás quedan el rechazo a la versión oficial y poco se menciona el papelón de Gustavo Ramírez Palacios, subjefe de la guardia presidencial, quien sale ebrio a tratar de contener el incidente. La imagen de la puerta en llamas llega al mundo entero y los mexicanos se enfrascan en un debate sobre el tono que deben tener las protestas.

—El movimiento de indignación por Iguala ha sido absolutamente pacífico —me comenta Pedro Miguel, periodista y articulista del diario *La Jornada*—. Los conatos de violencia fueron introducidos por el gobierno con infiltrados y con las amenazas de Peña Nieto de que va a ejercer la violencia, cuando no ha dejado de ejercerla nunca.

En su opinión, la violencia es provocada para frenar la movilización social porque desde 1968, cuando la masacre de estudiantes en Tlatelolco, «no ha habido una crisis de esta magnitud, ni siquiera en 1994, cuando el levantamiento del movimiento zapatista».

Provocada o no, lo cierto es que afecta la movilización. En las siguientes marchas participan menos ciudadanos y el 20 de noviembre se registran nuevos incidentes. Hacia el mediodía, cientos de jóvenes intentan tomar el Aeropuerto Internacional de la Ciudad de México, pero no lo consiguen y se enfrentan a la policía, con saldo de 17 detenidos. Más tarde, cerca de 100 000 personas marchan pacíficamente y al final del mitin queman una gigantesca piñata con la imagen del presidente de la República. «¡Fuera Peña!» es la consigna que más resuena en la Plaza de la Constitución.

Instantes después, cuando los asistentes todavía no desalojan el lugar, detrás del templete donde se encuentran los familiares y estudiantes de Ayotzinapa un grupo de jóvenes arrojan bombas molotov contra Palacio Nacional. Intervienen cientos de policías; hay corretiza y gases lacrimógenos.

Ciudadanos escoltan a familiares y normalistas cuando intentan escapar de la refriega, pero en la carrera varios se extravían.

—Se me perdió mi hermano; estaba conmigo pero luego lo perdí —me dice un muchacho preocupado que marca sin descanso un número en su celular. La situación es tensa. En los rostros de los estudiantes reaparece el miedo.

SOLIDARIDAD

UN RINCÓN DE LA CANCHA DE BASQUETBOL DE AYOTZI-
napa se transforma en aula al aire libre, salón de clases de
los ausentes. Instalan 48 asientos, uno por cada desaparecido, asesinado y herido. Primero sólo hay una fotografía
sobre cada silla pero enseguida el espacio se transforma en
un gran altar con dulces, cartas y globos, o bien latas de
comida, juguetes y mensajes cariñosos que dejan tanto familiares como activistas, de los que llegan a la normal rural por montones.

Para alimentar a las visitas solidarias y a los familiares
se instala una cocina a la intemperie. Varias mujeres, entre
ellas Delfina, Nicanora y Lucía, madres de tres desaparecidos, preparan desayuno, comida y cena cada día.

Maestros y trabajadores de sindicatos llegan a participar
en reuniones de la Asamblea Nacional Popular. Cantan
consignas y entregan víveres, tantos que en pocas semanas
crecen montañas de latas de atún y bolsas de arroz y frijoles. Estudiantes de la Universidad Nacional Autónoma de
México, la Universidad Autónoma Metropolitana y la Universidad Autónoma de la Ciudad de México aprovechan
días de vacaciones para instalarse en Ayotzinapa, donde
ayudan en tareas de limpieza, acompañan a marchas y

hacen rondas de seguridad. Llegan personas con las propuestas más diversas, que van desde ceremonias religiosas a masajes, danzaterapia y talleres de serigrafía.

Ya no hay silencio, más bien un gentío que va y viene. Los familiares reciben a todos de buen talante pero hablan poco. Se ven apabullados entre el dolor que no cesa, la falta de noticias y la cantidad de personas a quienes conocen cada día.

Debido a las medidas cautelares que dictó la Comisión Interamericana de Derechos Humanos, en el estacionamiento de la escuela se instaló un puesto con médicos del gobierno. Los familiares acuden poco: prefieren que los revisen las representantes de Médicos Sin Fronteras y los jóvenes estudiantes de la Escuela Latinoamericana de Medicina de Cuba, quienes pasan el día en puestos humildes que instalaron junto a la cancha.

El cansancio físico comienza a hacer estragos en los rostros y cuerpos de los padres. Mario González, papá de César Manuel, uno de los 43, adelgazó cerca de 20 kilogramos. Otros sufren diabetes, hipertensión y diversos problemas de salud, pero no se detienen: cada día salen a alguna actividad o comisión, es decir, acciones de protesta y difusión, lo mismo en comunidades de Guerrero que en ciudades en el otro extremo del país.

En uno de tantos viajes, el 30 de noviembre, viven un encuentro especial. Propiciado por Hijos por la Identidad y la Justicia contra el Olvido y el Silencio (H.I.J.O.S.), en una oficina del Centro de Derechos Humanos Miguel Agustín Pro Juárez (Prodh), cuatro padres y cinco sobrevivientes de Ayotzinapa platican durante dos horas con Estela de Carlotto, presidenta de la organización argentina Abuelas de Plaza de Mayo, símbolo mundial de la lucha contra la desaparición forzada. Llegan sin saber quién es ella y primero se saludan con un apretón de mano, forma respetuosa, algo distante, que se acostumbra en México. Se miran como a desconocidos pero en pocos minutos la confianza es total. Hermanados por un mismo dolor, hablan sin necesidad de explicarse.

—¿Ya intentaron ir a Naciones Unidas? —pregunta Estela, conmovida por ver a los familiares dando los mismos pasos que ella y otras madres y abuelas dieron cuatro décadas atrás, cuando Argentina y el Cono Sur vivían la represión de dictaduras militares. Narra gestiones, intercala consejos con preguntas.

Quieren seguir platicando, pero afuera de la sala decenas de periodistas nacionales e internacionales aguardan una conferencia de prensa conjunta. Hay que apresurar tiempos porque la abuela argentina, de 84 años de edad, tiene una apretada agenda. Es la figura principal de la Feria Internacional del Libro de Guadalajara y literalmente escapó seis horas, vuelos incluidos, para conocer y respaldar a los familiares de Ayotzinapa.

Edith López Ovalle empieza la conferencia a nombre de H.I.J.O.S. Presenta a los participantes y sintetiza: «Ésta es una lucha de amor y de esperanza. Es la unión de ambas luchas. Esto es realmente la solidaridad».

Estela de Carlotto explica su presencia: «Lo que está pasando en México es el dolor de todo el planeta». Mira con afecto a los familiares y ante las cámaras expresa «total apoyo y solidaridad. Que cuenten con nosotros». Habla también por Madres de Plaza de Mayo Línea Fundadora porque una de sus integrantes, Taty Almeida, también está en México pero no puede asistir, internada de urgencia.

Estela sale del libreto diplomático con dos peticiones. Habla primero al pueblo mexicano; pide «que haga carne propia de esto que está pasando porque si pasa sin trascendencia, el peligro es que siga pasando». Al Estado le dice:

«Esto que ha sucedido es muy malo y el Estado tiene la obligación de colaborar en el retorno de estos jóvenes. Sus familiares, padres y madres están esperando día tras día».

Mario González dice que están «enojados porque el gobierno no ha hecho nada por buscar a nuestros hijos. Estamos hartos de que los estén buscando en fosas y que nos quieran entregar muertos. [...] Escuché decir a Enrique Peña Nieto que quiere paz y armonía. A lo mejor él las puede tener porque nosotros no. [...] No somos revoltosos: somos padres heridos que quieren encontrar a sus hijos. Para nosotros los pobres, lo más preciado son nuestros hijos».

Para *Omar García*, dirigente y vocero normalista, además de las personas desaparecidas hay otras semejanzas entre el México del presente y el pasado argentino que llevó al surgimiento de Madres y Abuelas de Plaza de Mayo. Dice que aquí también se vive una «dictadura» porque «la policía hostiga a cualquier estudiante que se solidariza, les dice que les va a pasar lo mismo» que a los desaparecidos.

Antes de regresar a Guadalajara y Guerrero, familiares, sobrevivientes y Estela de Carlotto vuelven a reunirse en privado por unos pocos minutos. Lucen distintos; se saben muy diferentes pero también iguales en el dolor. Se abrazan fuerte, se abrazan mucho. Se dicen palabras bonitas y toman fotografías que parecen de un reencuentro familiar.

Afuera, México sigue en ebullición y el gobierno de Enrique Peña Nieto vive una inocultable crisis política. Atrás quedó el *Mexican moment* que realzaba la revista estadounidense *Time,* importante publicación internacional que en febrero de 2014 puso al Presidente en portada bajo el título *Saving Mexico.* Ahora, nueve meses después, las encuestas informan que la popularidad de Peña Nieto va en picada. Cincuenta por ciento de los mexicanos reprueban el trabajo del mandatario y sólo 41% lo avalan; se trata del «nivel de aprobación más bajo, a dos años de iniciar su mandato», según un estudio de la consultora Buendía & Laredo que publica el periódico *El Universal*. El diario *Reforma* divulga otro reporte con cifras más críticas aún: la imagen positiva entre ciudadanos es de 39% y en líderes de opinión apenas 21%, muy lejos del 78% al inicio de su gestión.

Al caso Ayotzinapa se suma otro escándalo de dimensión internacional, la llamada *Casa Blanca*: una mansión con costo aproximado de siete millones de dólares que Peña Nieto y su familia adquirieron después de que él llegara a la Presidencia. Algunos datos fueron revelados meses atrás por la periodista Sanjuana Martínez y ahora el equipo de Carmen Aristegui, la más popular comunicadora de México, profundiza las investigaciones sobre la presunta corrupción al más alto nivel. Todas las mañanas en su noticiero muestra detalles e imágenes de la onerosa residencia, así como el vínculo con la empresa Televisa —la mayor televisora hispana— y la constructora Grupo Higa —a la que se otorgan concesiones de importantes obras públicas—.

Hay llamadas de atención internacionales. El presidente del Banco Mundial, Jim Young Kim, pide justicia para los 43 estudiantes desaparecidos y la prensa más influyente de Estados Unidos cuestiona al presidente Peña Nieto. Sin embargo, no se siente una presión fuerte: los gobiernos de otros países mantienen un diplomático silencio, con excepción de Bolivia y Uruguay: los mandatarios Evo Morales y José Mujica son los únicos en pronunciarse durante los primeros meses.

Edgardo Buscaglia asegura que el silencio no es casual: «Lamentablemente este caso mexicano te demuestra que el dinero compra conciencias en el mundo, y Europa es un caso». Dice que quienes callan son cómplices por omisión, y sus razones, más económicas que políticas. Reclama en específico la falta de respuesta de Alemania y Estados Unidos: «Las acciones que debería haber tomado Washington son muy claras: llevar a México al Consejo de Seguridad [de Naciones Unidas], denunciar la necesidad de establecer equipos binacionales y una comisión internacional de monitoreo de los crímenes de lesa humanidad que ocurren acá. No es tan difícil, lo ha hecho en muchos países. A Venezuela lo ha denunciado por mucho menos que esto».

En la política nacional también hay quienes optan por el silencio, como el opositor Andrés Manuel López Obrador, quien habla del caso por primera vez el 24 de octubre, casi un mes después de ocurrido.

Activos, en cambio, están algunos de los intelectuales y artistas más populares del país. El pintor Francisco Toledo habla de Ayotzinapa cada vez que puede y construye 43 papalotes con los rostros de los desaparecidos; los hace volar en pleno centro de Oaxaca y con un cordel en la mano corre como niño para dar vuelo a los normalistas. «Si se les busca bajo tierra —dice—, también hay que buscarlos en los aires».

En el Palacio de Bellas Artes, los músicos de la Orquesta Sinfónica Nacional dan concierto con el número 43 inscrito en trajes e instrumentos. También en la sala mayor de la cultura mexicana, el compositor británico Michael Nyman dedica una pieza de piano a los normalistas desaparecidos y proyecta sus retratos en el telón del escenario.

El poeta David Huerta escribe «Ayotzinapa»:

Mordemos la sombra
Y en la sombra
Aparecen los muertos
Como luces y frutos
Como vasos de sangre
Como piedras de abismo
Como ramas y frondas
De dulces vísceras

Los muertos tienen manos
Empapadas de angustia
Y gestos inclinados
En el sudario del viento
Los muertos llevan consigo
Un dolor insaciable

Esto es el país de las fosas
Señoras y señores
Este es el país de los aullidos
Este es el país de los niños en llamas
Este es el país de las mujeres martirizadas
Este es el país que ayer apenas existía
Y ahora no se sabe dónde quedó

Estamos perdidos entre bocanadas
De azufre maldito
Y fogatas arrasadoras
Estamos con los ojos abiertos
Y los ojos los tenemos llenos
De cristales punzantes

Estamos tratando de dar
Nuestras manos de vivos

A los muertos y a los desaparecidos
Pero se alejan y nos abandonan
Con un gesto de infinita lejanía

El pan se quema
Los rostros se queman arrancados
De la vida y no hay manos
Ni hay rostros
Ni hay país

Solamente hay una vibración
Tupida de lágrimas
Un largo grito
Donde nos hemos confundido
Los vivos y los muertos

Quien esto lea debe saber
Que fue lanzado al mar de humo
De las ciudades
Como una señal del espíritu roto

Quien esto lea debe saber también
Que a pesar de todo
Los muertos no se han ido
Ni los han hecho desaparecer

Que la magia de los muertos
Está en el amanecer y en la cuchara
En el pie y en los maizales
En los dibujos y en el río

Demos a esta magia
La plata templada
De la brisa

Entreguemos a los muertos
A nuestros muertos jóvenes
El pan del cielo
La espiga de las aguas
El esplendor de toda tristeza
La blancura de nuestra condena
El olvido del mundo
Y la memoria quebrantada
De todos los vivos

Ahora mejor callarse
Hermanos
Y abrir las manos y la mente
Para poder recoger del suelo maldito
Los corazones despedazados
De todos los que son
Y de todos
Los que han sido

En la Feria Internacional del Libro de Guadalajara, una de las vitrinas culturales más importantes de la cultura mexicana, prácticamente todos los eventos comienzan con aplausos, recordatorios y homenajes espontáneos que realizan tanto autores nacionales como argentinos, que son mayoría por ser Argentina el país invitado. Los escritores Paco Ignacio Taibo II, Benito Taibo y Juan Villoro encabezan una marcha dentro del recinto de exposiciones. Elena Poniatowska cede íntegro el espacio de su conferencia

magistral. «Vienen conmigo y van a subir al estrado conmigo», dice con su voz aguda y en tono firme al personal
de organización que intenta separarla de sus acompañantes: un sobreviviente y tres familiares de desaparecidos.

Son las últimas horas de la feria, el auditorio está lleno,
y aunque la editorial Planeta anunció el encuentro «Una
hora con la Poni», Elena apenas habla para decir: «Va a
suceder algo que tengo muy cerca del corazón. Es muy
importante para mí y un gran honor porque han venido
cuatro personas de Ayotzinapa especialmente para estar
con nosotros, para dialogar, para que les hagan preguntas
y que entre todos sepamos, tengamos la certeza, de que vamos a sacar adelante a este país».

Suben entonces al escenario *Uriel Alonso Solís,* sobreviviente de la noche del 26 de septiembre en Iguala; Eleucadio Ortega, padre del desaparecido Mauricio Ortega;
Óscar García, hermano del desaparecido Abel García, y
Ulises Gutiérrez, hermano de Aldo Gutiérrez Solano, estudiante de diecinueve años que recibió un balazo en el
cráneo durante los ataques y desde entonces permanece
en estado de coma.

Entre aplausos comienza el conteo que retumba en todo
México por estos días. «Uno, dos, tres, cuatro…», así hasta
43, y después el grito unánime de «¡Justicia!». Nerviosos, los
organizadores dan por concluida la protesta y piden a los familiares que bajen del escenario. Una funcionaria da su discurso y Elena vuelve a llamar a los familiares y estudiantes
porque ellos, dice, son los importantes.

Se instalan nuevamente en el escenario detrás de una fotografía tomada por el argentino Marcelo Brodksy, donde
43 estudiantes del Colegio Nacional de Buenos Aires exigen justicia para los de Ayotzinapa. La manta ha ido de un

lado a otro en la FIL; escritores y editores argentinos la usaron para reclamar en diversos eventos.

«Mi hermano (Abel) con tanta ilusión fue a estudiar a esa normal porque es la escuela para nosotros los pobres. Fue a estudiar para ser un maestro bilingüe. Nosotros hablamos un idioma que se llama mixteco y mi mamá no puede hablar el español, por eso no puede andar con nosotros buscando —dice Óscar García con voz quebrada de tristeza—. Me duele que mi mamá siempre me pregunte "M'hijo, ¿qué sabes de tu hermano?", y no poder decirle más que "Nada, mamá, no sabemos nada"». Llora, se le acaban las palabras.

Ulises Gutiérrez exige atención especializada para su hermano Aldo: «Lo queremos ver como era antes. Él tenía sueños. Quería estudiar, ser un profesionista, tener un futuro ¿Quiénes le trozaron ese futuro que tanto deseaba? Los policías, el gobierno».

Uriel relata lo vivido la noche del 26 de septiembre y detalla que en medio de los balazos habló con un militar del 27 batallón, con sede en Iguala. Le dijo: «Desgraciadamente no puedo hacer nada. El general nos dijo que les vale madre».

Las personas del público unen pasado y presente; hablan de impunidad y de las desapariciones forzadas que se acumulan en México desde 1968.

Elena Poniatowska conduce el final: «Vamos a seguir participando. Vamos a seguir ayudando, vamos a seguir protestando. Antes de irnos les quiero dar las gracias porque nos escucharon, y vamos a hacer un conteo para recordar a cada uno de ellos. No olvidemos que podrían ser nuestros hijos, nuestros hermanos, nuestros familiares».

DUDAS Y CERTEZAS

· ·

ES VIERNES 5 DE DICIEMBRE. PASAN DE LAS DIEZ DE LA NO-che cuando desde Ayotzinapa llegan malas noticias. Nos avisan por teléfono a algunas personas cercanas y nos pi-den reserva.

Los familiares están reunidos. El Equipo Argentino de Antropología Forense les informó que entre los restos óseos calcinados y recolectados por el gobierno, un frag-mento de cuatro centímetros y una muela dieron positivo en los exámenes genéticos realizados en un laboratorio de Innsbruck. El resultado es confiable: pertenecen a Alexan-der Mora Venancio, uno de los 43.

Don Ezequiel Mora, padre de Alexander, está destruido. Los demás familiares se estremecen con dudas sobre sus propios hijos pero saben que es momento de cobijarlo. Lo acompañan y la noche se hace larga para todos; quedan pocas horas de un duelo íntimo, pues a la tarde siguiente se informará a la población, al final de una marcha pre-vista en la capital.

El 6 de diciembre, en la ciudad de México los esperan miles de personas, aunque menos que en ocasiones ante-riores.

Dos días antes, el presidente Enrique Peña Nieto llamó

a «superar» el caso Ayotzinapa, en su primera visita a Guerrero desde los hechos.

Los familiares tardan en bajar de sus camiones, exprimen los últimos momentos de soledad. Mario González, padre de uno de los 43, me abraza fuerte. Tiembla nervioso y fuma. Enumera rumores que lo abruman:

—Dicen que los mataron a todos; también dicen que sólo a los más rebeldes —cuenta que su muchacho a veces es enojón y eso lo angustia—: ojalá se haya quedado callado para no llamar la atención.

Ya ni recuerda cuándo se alimentó por última vez. Varios integrantes de H.I.J.O.S. lo obligamos a tomar agua y comer al menos un sándwich.

Al iniciar la marcha comienzan a circular rumores. Los familiares caminan mecánicamente, con la mirada aún más lejana, y los normalistas tienen el rostro tenso. Al centro de la calle llevan la lona con el rostro de Alexander.

El mitin se realiza en el Monumento a la Revolución. Allí informan que fueron identificados los restos del estudiante. «No vamos a sentarnos a llorar —dice el vocero de los familiares, Felipe de la Cruz—. Vamos a seguir luchando por la presentación con vida de los 42». *Omar García*, representante de los normalistas, cuenta que el padre de Alexander Mora, al enterarse, «lo que pidió fue justicia».

«Hoy es un día nublado y triste pero este crimen de Estado no va a quedar impune. Si estos asesinos piensan que vamos a llorar la muerte de nuestros muchachos, se equivocan —prosigue Felipe de la Cruz—. A partir de hoy desconocemos al gobierno de Enrique Peña Nieto por asesino. Que nos escuche bien el Presidente: podrán venir los días de vacaciones para aquellos que no sienten dolor, pero no habrá descanso para el gobierno peñista. Si no hay Navidad para nosotros, tampoco para el gobierno».

Algunos familiares y estudiantes bajan del templete. Hay abrazos y llanto, pero no frente a la prensa. Hablo con la psicóloga Ximena Antillón sobre la muestra ósea. Es cierto, un examen confiable de ADN confirma la identidad, pero no hay certeza sobre el lugar en donde fue recogida la prueba. Entonces la noticia no cierra el caso porque quedan dudas: ¿Fueron calcinados? ¿En ese lugar? Hay pocas certezas y mucha desconfianza.

¡Qué dolorosa esta doble duda! La incertidumbre de tener a un familiar desaparecido y ninguna autoridad confiable, la sensación de que nunca llegará una verdad creíble.

Pienso en la angustia sin fin que carcome almas. Recuerdo que nuestras madres, padres, abuelas y abuelos vivieron lo mismo, pero el dolor cambió unos seis años después, cuando conocieron detalles que confirmaron el exterminio. De boca de los sobrevivientes supieron lo que ocurrió dentro de los campos de concentración. Lógica, mecánica, responsables y algunos datos sobre lo que ocurrió con nuestros seres queridos.

Anécdotas muy pequeñas que, sin embargo, son nuestro único consuelo. Alivia saber que dentro del centro clandestino La Perla, en la provincia de Córdoba, el dirigente gremial Tomás di Toffino jugaba al ajedrez con miga de pan y bailó un tango en la Navidad de 1976, antes de que lo fusilaran los militares del III Cuerpo de Ejército, en febrero de 1977. Tranquiliza la certeza de que, un año más tarde, en el mismo lugar mis padres pasaron sus últimas horas juntos porque los sentaron uno al lado del otro, sobre un piso de baldosas rojas.

Hasta los detalles más dolorosos consuelan. Lo entendí cuando me contaron que mi mamá tenía la ropa siempre mojada por la leche que producía su cuerpo de mujer recién parida. Agobia imaginar su dolor físico pero también consuela saber que su cuerpo no se resignaba a estar lejos de mí y que al menos el dolor nos unía.

Casi cuarenta años después, mi tía Liliana Felipe sigue preguntándose cómo fue la bala que mató a su hermana Ester. En su canción *Otro adiós sin Dios* dice: «¿Cómo es dejar de respirar frente a un señor que viste un pobre, un triste cuerpo militar; un soldadito sin destino, un empleadito?». Las dudas eternas carcomen, mientras que la verdad, por dolorosa que pueda ser, cura. La identificación de los restos de Alexander no cierra el caso sino que lo hunde en un hoyo de dudas cada vez más negro y profundo. ¿Podrá don Ezequiel conocer alguna vez los detalles sobre la muerte de su muchacho? ¿Puedes considerar que tu hijo apareció, está contigo o lo sepultaste, teniendo sólo dos pedacitos de hueso y un mar de dudas? ¿Podrá tener de él más que dos fragmentos milimétricos? ¿Y los demás familiares?

La incertidumbre se ahonda con noticias que llegan en días posteriores.

El 11 de diciembre, tres científicos mexicanos de la Universidad Autónoma Metropolitana y la Nacional Autónoma de México aseguran que «es imposible que hayan sido quemados en Cocula». En un informe conjunto de veinte páginas, Jorge A. Montemayor Aldrete, Pablo Ugalde Vélez y Rigoberto Vargas sostienen: «Si los cuerpos se hubieran quemado con puras llantas, para reducirlos a los restos mostrados por la Procuraduría General de la República se hubieran necesitado 995 llantas de autos. La hipótesis de que fueron quemados en el basurero de Cocula no tiene ningún sustento en hechos físicos o químicos naturales».

Se habla también de que el Ejército habría participado en las desapariciones forzadas y posiblemente en la cremación de cuerpos, en los hornos especializados que tiene en algunas de sus instalaciones. Así lo sugieren Montemayor Aldrete y Ugalde Vélez en entrevista con la periodista Sanjuana Martínez para *La Jornada* (4 de enero de 2015). Por medio de una carta enviada a la sección de «correo ilustrado» del diario, la Secretaría de la Defensa Nacional responde que «ninguna instalación militar del país cuenta con crematorios», pero al día siguiente el reportero Humberto Padgett la desmiente citando documentos oficiales según los cuales «entre 2006 y 2013 ha incinerado, mediante sus propios y exclusivos servicios funerarios, a 674 personas fallecidas, según datos oficiales» (Sin Embargo Mx, 8 de enero de 2015). Padgett menciona que el Cementerio Militar, ubicado en la autopista México-Cuernavaca, «proporciona servicios funerarios en sus cuatro salas de velación; cuenta con carrozas, transporte de dolientes, gestoría y un horno crematorio, entre otros servicios».

«El Ejército no puede decir que no tiene hornos crematorios, claro que los tiene. Varios. Yo voy y les digo dónde», agrega el disidente general Francisco Gallardo en entrevista con Martínez para *La Jornada*. Recuerda que en su detención dentro del Campo Militar número 1, que se encuentra en la capital de la República, vio con sus propios ojos un horno al que temía, pues lo amenazaban con usarlo para incinerarlo a él.

El 13 de diciembre los periodistas Anabel Hernández y Steve Fischer publican en la revista *Proceso* el reportaje *Iguala: la historia no oficial*. En él señalan detalles que implican a policía y autoridades federales y muestran que éstas conocían en tiempo real lo que sucedía en Iguala y que lo ocurrido esa noche fue «un asunto perfectamente orquestado». Las precisiones derrumban una parte de la versión oficial que catalogaba el caso como local y aislado, responsabilidad del narcotráfico. Sólo una parte de la prensa difunde la investigación de los periodistas. El Gobierno no responde ni aclara nada al respecto.

Cada vez hay menos certezas. ¿Qué pasó con los estudiantes? ¿Dónde están? ¿Quién los tiene? Cada vez hay más preguntas y, para colmo, se acercan las fiestas de fin de año. Esas fechas de reuniones que serán un suplicio para las familias incompletas; esos tiempos de vida privada que, sospechamos, apagarán la mecha de la movilización.

LAS FIESTAS

LUZ María Telumbre no levanta la vista de su bordado. Da puntada tras puntada mientras comenta:

—Cómo es esta época… Todos andan en fiestas y nosotros con nuestra tristeza.

Está sentada en la cancha de basquetbol, casi vacía porque visitantes solidarios y muchos normalistas regresaron a sus hogares para pasar Navidad y Año Nuevo con sus familias. Otra vez el silencio.

—Nos invitaron a una posada. No voy a ir pero quiero que alguien lleve a los niños para que se entretengan —comenta Erika Pascual, esposa del desaparecido Adán Abraján de la Cruz. El hijo mayor de ambos, José Ángel, dibuja tortugas y las calca sobre tela. También colabora su abuela, Delfina de la Cruz.

Consejos y recuerdos afloran entre debates sobre la conveniencia o no de usar aro para tensar la tela. Son hermanas, esposas, abuelas y sobrinas de los 43. Así como la Penélope griega tejía, estas mexicanas bordan esperando el regreso de sus seres queridos; se ocupan para entretener manos y pensamiento: así tratan de pasar las horas, que se hacen aún más largas entre diciembre y enero.

Las bordadoras de mayor edad sacan a relucir su

experiencia con puntos delicados y complejos. Las más jóvenes incluyen dibujos de tortugas porque es el símbolo de la escuela de Ayotzinapa (en náhuatl, «lugar de tortugas»). En pañuelos blancos ponen nombres e historias de los muchachos. Los recuerdan. Los piensan. Les hacen un regalo. «Israel Caballero Sánchez. Nació en Atliaca, Guerrero. Tiene 21 años y es papá de Melanny», dice un trozo de tela con flores que rodean las letras. Otro tiene el borde tejido a gancho y al centro «Christian Alfonso Rodríguez Telumbre. Tiene 19 años. Es originario de Tixtla, Guerrero. Fue desaparecido el 26-09-2104. ¡Vivo lo llevaron! ¡Vivo lo queremos!». En otro pañuelo: «Jorge Álvarez Nava. Tiene 19 años, es originario de La Palma, Guerrero. Hijo, te seguimos esperando».

Aceptan con entusiasmo la propuesta que hacemos los integrantes de H.I.J.O.S. para que se sumen al proyecto Bordados por la Paz, que cientos de personas realizan desde 2011 para pasar a un lienzo los nombres e historias de víctimas de la violencia en México. Hacer memoria es el objetivo: las únicas reglas son usar hilo rojo para asesinados, morado para víctimas de feminicidios y verde para desaparecidos.

—¿Puede hacer la de mi tío? Es Jhosivani —Jocelyn, de diez años, pide ayuda a la artista Edith López Ovalle, quien traza nombres y flores.

Cada vez son más mujeres bordando. Algunos hombres se acercan tímidos; los mayores sólo miran, pero entre los más jóvenes algunos deciden sumarse. Cae la noche, ya no hay luz y es momento de guardar todo. Mañana seguirán bordando en verde, el color de la esperanza.

Hay poca gente en la escuela. Arturo López, *Pío*, ofrece una función de su Cine a Mano. La periodista Daniela Rea hace entrevistas con su beba entre los brazos y John Gibler platica con sobrevivientes para reconstruir a detalle la noche del 26 de septiembre. El escritor Tryno Maldonado, que llegó para conocer a los familiares, ya se instaló a vivir en Tixtla por tres meses y la psicóloga Ximena Antillón brinda acompañamiento psicosocial a los padres; vino, como ha hecho muchas veces, con gran esfuerzo, pues es madre de una niña pequeña. Los H.I.J.O.S. llegamos a pasar Navidad y Año Nuevo con las familias. Bordamos, platicamos, jugamos con los niños y hacemos piñatas.

Una mujer joven me encarga por un momento a su hija, una beba como de cinco meses vestida con ropa blanca y rosa. La niña es pura simpatía: sonríe mientras le platico para entretenerla.

—Soy Rocío —se presenta su madre— y ella es Melanny.

Es hija del desaparecido Israel Caballero Sánchez. Cuando se llevaron a su padre, tenía la misma edad que yo en Argentina cuando se llevaron a los míos. Me estremece conocerla.

—Tú y yo somos parecidas —le digo en voz baja. Se asoma la tristeza y Melanny la espanta con balbuceos sonrientes. También yo sonrío; pienso que la vida redobla la apuesta.

En un extremo de la cancha instalan un árbol de Navidad que en lugar de esferas tiene fotografías de los desaparecidos, asesinados y heridos. Los familiares escriben mensajes y deciden que para ellos no hay Nochebuena; en lugar de cenar harán una protesta en la puerta de Los Pinos.

La noche del 24 no logran llegar hasta la residencia presidencial: cientos de metros antes la policía instala vallas que impiden el paso. Son pocos y llueve; la imagen es la antítesis de una fiesta. Dicen que ésa es su realidad: «No vamos a tener Navidad sin ellos».

El 31 de diciembre tampoco hay cena ni brindis: marchan otra vez hacia Los Pinos. Unas doscientas personas acompañan la protesta para que Enrique Peña Nieto los escuche en las últimas horas del año 2014.

Tampoco pueden llegar: un cerco de varios cientos de granaderos bloquea el paso. «Aquí nos quedaremos. La nuestra es una protesta pacífica», explican desde un megáfono. Se instalan en círculo, encienden velas y uno a uno toman el micrófono.

«Que sepa el mundo que los padres de familia no están cansados y que no descansaremos hasta encontrarlos», dice Melitón Ortega, tío de Mauricio Ortega, uno de los 43. Se disculpa por su mal castellano: lo aprendió a los diecisiete años de edad, como es común en su región, La Montaña, donde la lengua nativa es el me'phaa.

«Nuestros hijos quieren hacer algo en la vida y no los dejan. Queremos justicia para ellos; ¿por qué se los llevaron?», reclama Bernardo Campos, padre de José Ángel Campos Cantor. Es delgado, lleva sombrero y tiene la piel curtida por toda una vida trabajando como albañil. Eleva la voz y reclama: «No es la primera vez que estamos aquí. Le pedimos a Peña Nieto que tenga el valor de entregarlos».

Vidulfo Rosales, abogado de las víctimas, insiste en la responsabilidad del Estado durante los ataques y denuncia que algunos integrantes del Ejército Mexicano «estuvieron presentes».

Hace frío, pero la vigilia se mantiene. Queman tres piñatas de papel con los rostros del presidente; el procurador, Jesús Murillo Karam, y la esposa del alcalde de Iguala, María de los Ángeles Pineda.

En Oventic, estado de Chiapas, una delegación de familiares y compañeros de los normalistas desaparecidos recibe el Año Nuevo junto a integrantes del Ejército Zapatista

de Liberación Nacional. A nombre del movimiento indígena, el subcomandante Moisés les pide: «No descansen y
no dejen de luchar por la verdad y la justicia». En 28 municipios de Guerrero los ayuntamientos están tomados por
organizaciones sociales de la Asamblea Nacional Popular;
exigen la aparición con vida de los normalistas.

LA RABIA

«¡AYOTZI VIVE!», GRITA UNA VOZ DE MUJER MIENTRAS un camión de Coca-Cola, incautado minutos antes, derriba el portón del 27 Batallón de Infantería, en Iguala, Guerrero.

«¡La lucha sigue!», responden los demás, unas 150 personas, entre familiares de desaparecidos, maestros y normalistas de Ayotzinapa.

«¡Ayotzi vive y vive… La lucha sigue y sigue!», continúan, y el camión, conducido por estudiantes, ya está dentro de las instalaciones militares.

Algunos familiares avanzan con los cartelones de sus hijos en las manos. Jóvenes con camisetas tapándoles la cara para resguardar su identidad comienzan a lanzar piedras y objetos hacia cincuenta militares que enseguida se multiplican. Llegan refuerzos. Los manifestantes lanzan humo con extintores y de ambos lados llueven petardos, piedras y botellas de cerveza, proyectiles que tanto civiles como militares toman de otro tráiler confiscado.

Es 12 de enero de 2015. Los manifestantes llevan más de una hora en el lugar. Hicieron un mitin para exigir que les abrieran los cuarteles porque señalan al Ejército, específicamente a ese batallón, por lo ocurrido la noche del 26 de septiembre. Denuncian que los militares participaron en los ataques y aseguran que conocen el destino de sus hijos. Creen que los tienen dentro del cuartel, detrás de los muros, y por eso entran dispuestos a todo.

Dispar batalla, los manifestantes apenas avanzan unos metros y regresan a Tixtla más enojados que antes. Los padres Bernabé Abraján y Mario González salen heridos con una lesión en la cabeza y una fractura en la nariz, al igual que los normalistas *Mañas* y *Omar García*, este último con una pedrada en el ojo que le hace perder el 40 % de la visión, entre el golpe y la atención médica deficiente en el hospital público de Chilpancingo. Por su parte, los militares reportan once heridos entre sus filas.

Son días de rabia y desasosiego. Van casi cuatro meses sin noticias confiables sobre los desaparecidos y el ambiente se tensa cada vez más. El gobierno desaira a los familiares en reuniones, cancela y cambia citas: es evidente que ya no tienen trato preferencial. Tampoco busca a los muchachos; la PGR suspendió los operativos desde el 23 de diciembre, y por eso los padres piden la ayuda de ciudadanos y policías comunitarios para iniciar su propia búsqueda por los cerros de Iguala.

Se ven como pequeños puntos que suben y bajan, parecen hormigas avanzando entre árboles y vegetación amarillenta. Andan por territorios dominados por el crimen organizado, zonas peligrosas donde se mueven narcotraficantes y hay fosas clandestinas, pero no llevan equipo especial ni armas para defenderse. Sólo cargan pequeñas mochilas, un botellón de agua y algunos machetes. Otros tienen linternas de poco alcance y resorteras.

Tres madres encabezan el grupo con los rostros de sus hijos en estandartes y playeras. A su lado caminan algunos estudiantes, maestros del combativo estado de Oaxaca y otras personas que llegan solas, como Adán Cortés, el universitario que el 10 de diciembre en Oslo, Noruega, irrumpió con una bandera mexicana en la solemne ceremonia del Premio Nobel de la Paz. Camina junto a su hermano gemelo y cerca de ellos va Aurelio Reyes, un chaparrito de 24 años de edad con chaleco antibalas.

—Me veo obligado a estar aquí. Mi conciencia me obliga a estar aquí —explica.

En este grupo, la seguridad está a cargo de la Policía Ciudadana y Popular (PCP), diez hombres y una muchacha de la región de La Montaña, una de las zonas más pobres del estado de Guerrero. Son campesinos, llevan una hoz y varios machetes que en realidad son sus instrumentos de trabajo. Caminan en ordenadas filas y al detener la marcha se distribuyen para cubrir las espaldas de todos. Tienen un puñado de radios, por los cuales se escuchan instrucciones en lengua náhuatl.

El calor pega duro pero nadie detiene el paso. Son cerca de cien personas y se dividen en pequeños grupos para *peinar* la zona. Recorren la colonia 27 de Septiembre, donde hay muchas casas y poco movimiento. De ahí siguen a partes más despobladas, como San Miguelito, La Laguna, San Antonio-segunda sección y las faldas de Loma del Zapatero: caseríos dispersos en tierra de fosas clandestinas.

«¡Buenas tardes señora! Les pedimos alguna información; si supieran de algo, si nos pudieran echar la mano. Perdón por la molestia», dicen al acercarse a hogares pequeños construidos con madera, láminas de zinc y deshechos. Llevan volantes con fotografías de los muchachos y un número telefónico para contacto.

«Andamos buscándolos por nuestros propios medios porque el gobierno no nos hace caso. Ellos nos dicen que están muertos y nuestro corazón nos dice que están vivos», explica a los lugareños María Concepción Tlatempa, una de las madres de los desaparecidos. Pasos más adelante comenta que hay poco margen de diálogo: «Se ve que tienen miedo. No quieren hablar». Hay quienes los rechazan visiblemente, como una muchacha que después de recibir el volante lo rompe desafiante, sin bajar la mirada.

Cada vez que encuentran una construcción abandonada, familiares y acompañantes se miran entre sí. Representa la posibilidad de encontrar algo y también el riesgo de que sea una *casa de seguridad* donde se encierre a personas secuestradas. Las madres se asoman por cada rendija para constatar lo que hay dentro.

—Las casas están muy solas. La tierra no está trabajada y no hay animales. Cuando hay gente honesta, trabajadora, se nota. Aquí no parece ser así —dice *Tepoztótl,* comandante de la PCP.

«Aquí está demasiado limpio el terreno»; «Por aquí sí pasan coches, está la huella», van comentando, y ante cada duda sale un pequeño grupo a investigar.

Por una vereda del cerro cruzan cuatro niños con uniforme de escuela primaria. Dicen no haber visto a los desaparecidos pero señalan un camino y cuentan que «luego suben camionetas por allá». Una maestra local, integrante del Frente Igualteco, agrega:

—Este terreno es mío, pero dejé de trabajarlo porque vi cosas malas. En junio, en ese cerro encontraron diecisiete muertos.

Tiradas por ahí hay cintas amarillas de «Prohibido el paso», las que usan las autoridades para marcar la escena de un crimen.

Acostumbrados a observar en la montaña, los policías ciudadanos detectan que a lo lejos hay tres hombres armados y dos camionetas. Usan el telefoto de Miguel Tovar para constatar que están siendo observados. No tienen uniformes visibles pero al bajar se enterarán de que son policías excavando en el sitio donde se ubicó una nueva fosa clandestina.

Después de tres horas bajo un sol agobiante termina la primera búsqueda en las colonias más alejadas de Iguala. En otras zonas caminan más familiares acompañados por integrantes de la Coordinadora Regional de Autoridades Comunitarias, policías populares con casi dos décadas de experiencia. Todos vuelven sin novedades.

VERDAD HISTÓRICA

. . . .

MADRES Y PADRES YA NO LLORAN AL TOMAR EL MICRÓ-fono. En cuatro meses han templado sus emociones. Eligen las palabras con cuidado. «No tenemos lágrimas para derramar, ahora tenemos rabia», dice Mario González en el Zócalo al final de la marcha del 26 de enero. Con voz dulce, su esposa, Hilda Hernández, reclama: «Se los llevaron policías, se los llevaron federales y participaron militares. Hay que buscar entre ellos porque aquí los únicos narcotraficantes son el gobierno».

Siete padres hablan en la concentración, que cierra una jornada de diez horas de protesta en cuatro marchas, la «Octava Acción Global por Ayotzinapa». Ezequiel Mora anuncia que seguirá buscando a Alexander porque los gobernantes «son mentirosos»; no le bastan la muela y el fragmento óseo que le entregaron las autoridades para convencerse de que su hijo está muerto.

El secretario general de los normalistas, David Flores, dice: «Nosotros los pobres somos la mayoría. Nosotros los estudiantes somos el futuro de México y somos los que tenemos que hacer cambios». El vocero y sobreviviente *Omar García* llama a la población a conformar «un gran movimiento nacional para transformar a nuestro país. Ya no podemos andar los mismos caminos».

A cuatro meses, el discurso de familiares y estudiantes dice: «El gobierno apuesta al olvido… pero aquí estamos».

Sigue un martes de vacaciones, con aire liviano de calma chicha. Los familiares no tienen descanso: llevan desde octubre recorriendo el país; por eso algunos están en la ciudad de México cuando el procurador general de la República llama a una conferencia de prensa urgente.

La tortura psicológica aprieta tuercas. Circulan rumores, alguien les filtra que identificaron los restos de otros cuatro muchachos. «¿Será el mío?», se preguntan todos.

Aprisa, varios llegan al Centro de Derechos Humanos Miguel Agustín Pro Juárez (Prodh). Esa organización no gubernamental les da respaldo y cobijo, ahí pasan las noches. En el comedor del edificio se instala un televisor; unos veinte, entre padres, normalistas y otras personas, nos acomodamos ante él. Jesús Murillo Karam y Tomás Zerón, jefe de la Agencia de Investigación Criminal, hablan poco antes de presentar un extenso video, musicalizado y dramatizado, que amplía la versión oficial.

Muestra a testigos recorriendo los lugares donde, aseguran, fueron asesinados e incinerados los muchachos. Aparecen el río San Juan y el basurero de Cocula. Los testigos actúan, reproducen escenas que supuestamente vivieron y las describen en frases breves porque el video tiene mucha edición.

Agregan detalles hasta ahora no difundidos. Nombran a varios de los normalistas, entre ellos Miguel Ángel Hernández Martínez y los hermanos Doriam y Jorge Luis González Parral. Mencionan con frecuencia a Bernardo Flores Alcaraz, apodado *el Cochiloco*. El procurador insinúa que era un narcotraficante infiltrado entre los estudiantes y tuvo responsabilidad en lo ocurrido. «¡Qué poca madre!», dice una voz indignada entre el auditorio de familiares.

Pese a la detallada reconstrucción, Murillo Karam apenas habla de los dos autobuses que tomaron la salida sur. Prácticamente se salta esa parte de la historia, como tampoco hace mucha referencia a los jugadores del club Avispones, y evade las posible responsabilidad del Estado en el crimen. Nunca pronuncia *desaparición forzada;* anuncia que imputarán a los responsables por el delito de *homicidio.*

Los funcionarios insisten en que «se consolida el móvil» de que los ataques fueron parte de una confusión. Sostienen que tanto policías municipales de Iguala y Cocula como sicarios de la organización delictiva Guerreros Unidos confundieron a los estudiantes con presuntos narcotraficantes del grupo enemigo Los Rojos. Los detenidos «utilizan mucho la palabra *infiltrados*», remarca Murillo Karam, y explica que la versión oficial se sustenta en 39 confesiones de policías y ejecutores materiales, 386 declaraciones vinculadas y diversos elementos probatorios. Remarca la importancia que tiene el testimonio de Felipe Rodríguez Salgado, alias *el Cepillo,* quien según esta versión dio las órdenes, y las palabra de Patricio Álvarez, *el Pato,* quien, dice, los asesinó e incineró, «quemando incluso los teléfonos celulares».

Murillo Karam no habla de presunción: pone énfasis en expresiones como *sin lugar a dudas, de manera contundente, comprobar científicamente,* y dictamina: «Esa es la verdad histórica». Una verdad según la cual los estudiantes fueron calcinados y borrados por completo. No existen más restos que la muela y el pedacito de hueso de Alexander Mora, ya analizados. Es el olvido por decreto.

Al final se permiten sólo cinco preguntas de la prensa, de medios previamente seleccionados. Nadie cuestiona al Ejército, tema que el procurador tampoco menciona. Sin embargo, cuando Murillo Karam camina para abandonar la sala se oye a un reportero que le pregunta a viva voz sobre la participación militar. El funcionario también levanta el tono al responder: «No hay una sola evidencia de que haya intervenido el Ejército. No hay una sola, ni una sola. Ni siquiera había un grupo razonable en el cuartel».

En el centro Prodh algunos padres ni siquiera escuchan la conferencia completa: se retiran a la mitad. Los que aguantaron los ochenta minutos no lucen golpeados, como pensé que ocurriría. Se ven hartos. Se nota que ya no creen en nada ni en nadie.

EL OLVIDO

¿QUÉ ES EL OLVIDO? ¿EGOÍSMO? ¿DECISIÓN? ¿TERROR? ¿Naturaleza? Familiares y normalistas no se resignan.

Hilda Legideño, la mujer de su casa, la madre que nunca había salido de Tixtla hasta asumir el riesgo de la búsqueda, toma un avión rumbo a Ginebra, Suiza. Otro padre, Bernabé Abraján, y ella viajan sin más equipaje que sus mochilas y un tubo blanco: la lona con el rostro de sus hijos, de la cual no se separan.

Así llegan al Comité sobre Desaparición Forzada de Naciones Unidas, que por primera vez en la historia evalúa el accionar de México. Ayotzinapa está presente y también familiares de desaparecidos en años anteriores: María Olaya Dozal, madre de una joven desaparecida en 2009, y Guadalupe Fernández Martínez, integrante de Fuerzas Unidas por Nuestros Desaparecidos de Coahuila.

Legideño y Abraján escuchan la comparecencia del gobierno mexicano. Cada palabra ahonda el enojo. «Estamos hartos de sus mentiras —dice Legideño a la prensa internacional—. Ante el Comité de la ONU han mentido descaradamente diciendo que cada semana teníamos reuniones con ellos. No ha sido así. No nos han atendido cuando lo hemos necesitado».

Siete horas dura la evaluación, un mal trago para el gobierno mexicano.

Los relatores de Naciones Unidas, Luciano Hazan y Rainer Huhle, preguntan varias veces acerca del número total de personas desaparecidas, pero la delegación nunca da una respuesta precisa. De 27 altos funcionarios de Relaciones Exteriores, Seguridad, Derechos Humanos, secretaría de Defensa y Marina, sólo uno brinda un dato concreto. La subprocuradora de Derechos Humanos, Prevención del Delito y Servicios a la Comunidad, Eliana García Lagunes, indica que se trabaja en la localización de 11 309 personas, sin precisar el tipo de casos ni las gestiones concretas.

Los expertos preguntan una y otra vez sobre los registros oficiales de desaparición forzada. Sale regañado el Estado y la prensa destaca que el país desconoce la cantidad de desaparecidos que tiene. El portal SinEmbargoMx titula «México, incapaz de decir a la ONU cifra de desaparecidos; la CNDH reconoce crisis».

Al final del raudo paso por Suiza, Hilda Legideño y Bernabé Abraján se manifiestan afuera del recinto de la ONU y deciden faltar a la reunión que les agendaron con la delegación gubernamental mexicana «porque en México muchas veces ellos nos han cancelado la cita sin darnos ninguna explicación».

Ayotzinapa apuesta por la difusión internacional: ya no bastan las caravanas nacionales, que han sido varias. En abril salen delegaciones rumbo a Europa, Estados Unidos y Canadá, y en mayo irán a Sudamérica. Lo hacen con el respaldo de organizaciones prozapatistas, quienes resuelven logística, agenda y financiamiento.

Clemente Rodríguez, padre de Christian Rodríguez Telumbre, también suspende las búsquedas para sumarse al grupo de padres que recorren América del Norte. Hilda

Legideño, *la Comandanta,* es designada para viajar al sur. Seria, me dice:

—Prefiero estar aquí y seguir buscando, pero los demás padres me eligieron para ir.

Más allá de las fronteras encuentran buena respuesta; aquí el tema ya está fuera de la agenda mediática y las movilizaciones son cada vez menos concurridas. El sábado 26 de abril, a siete meses de los ataques y bajo un sol infernal, apenas cien personas acompañan un evento cultural que se realiza en el Paseo de la Reforma.

A las 13:30 llega un tráiler y la orden es hacer «una valla humana». Del camión bajan tres grandes estructuras de hierro y, en medio de la avenida más importante de México, familiares y normalistas escarban la tierra con palas. Se mueven rápido, les brota una energía catártica y con sus propias manos enderezan cuatro figuras de hierro rojo, un +43 de cuatro metros de alto. Sonríen satisfechos; también los ciudadanos que estaban en el evento y sin saber qué ocurriría se sumaron a la tarea. Distribuyen postales que explican: «+43, un antimonumento para la memoria y la justicia».

Los artífices de la acción mantienen el anonimato por razones de seguridad, pero el texto amplía:

Si un monumento remite a un acontecimiento del pasado que es necesario aprehender (en latín *monumentum* significa *recuerdo*), el proyecto +43 es la construcción de un antimonumento porque no aspira a perpetuar el recuerdo, sino a alterar la percepción de que un hecho es inamovible. +43 se define como una protesta permanente de reclamo de justicia al Estado en el espacio público. +43 quiere ser una llamada de atención a los transeúntes que cruzan cotidianamente por la zona.

Es un antimonumento porque es una transgresión y
un reclamo al Estado que quiere olvidar —¡y quiere que
olvidemos!— la terrible realidad de violencia cotidiana
a la que él mismo nos somete y que ha cobrado la vida
de más de 150 000 personas y ha desaparecido a más de
30 000 +43. Lo terrible aún es que a diario la cantidad de
personas asesinadas y desaparecidas aumenta, bajo la total impunidad y responsabilidad del Estado mexicano.

La imagen circula rápido por redes sociales y los medios
que no cubrieron el evento corren a registrar la imagen. El
gran +43 reaviva la llama. Hay guardias solidarias durante
la noche mientras se seca el cemento que lo sostiene, para
evitar que alguna autoridad retire los números rojos. Sólo
una persona es detenida, para ser liberada al cabo de unas
horas.

Meses después, el antimonumento sigue ahí y es referencia obligada incluso para turistas, quienes se detienen a
tomarse la foto del recuerdo.

GOLPES

· . · . · . · . · . · . · . · . · . · . · . · . · . · . ·

LOS MESES PASAN SIN NOVEDADES OFICIALES. EL GO-
bierno no avanza más allá de la «verdad histórica» que defendió Jesús Murillo Karam, quien ya ni siquiera es procurador. Lo relegaron a un cargo secundario en la Secretaría
de Desarrollo Agrario, Territorial y Urbano, y lo sustituye
Arely Gómez González, ex senadora y hermana del vicepresidente de Noticieros Televisa, Leopoldo Gómez.

El tema apenas aparece en la agenda mediática gracias
a esfuerzos de periodistas e informes del Grupo Interdisciplinario de Expertos Internacionales designado por la Comisión Interamericana de Derechos Humanos. En marzo
los especialistas piden que el caso sea tratado como «desaparición forzada» y les permitan acceder al expediente. En
abril exigen que el Estado retome la búsqueda y en mayo
reclaman que las investigaciones oficiales están «fragmen-
tadas» y que la mayoría de los detenidos confesos dicen
haber sufrido «malos tratos y torturas». En agosto revelan
que fueron destruidas importantes pruebas, como video-
grabaciones de cámaras de seguridad de Iguala. Prendas y
objetos hallados en Periférico Sur frente al Palacio de Justicia pasaron meses en oficinas del Estado mexicano, mez-
clados en bolsas y sin cuidado para su conservación como

prueba. Aunque lo solicitan varias veces, las autoridades les impiden a los expertos entrevistar a militares.

Un grupo de cincuenta reporteros y fotógrafos crea el libro-blog *Periodistas por Ayotzinapa*, coordinado por Marcela Turati. Blanche Petrich sigue a detalle el caso de Julio César Mondragón Fontes y da voz a la indignación de sus familiares cuando el peritaje oficial dictamina que el estudiante no fue desollado sino víctima de «fauna nociva». *La Jornada* publica un reportaje de Ryan Devereaux para la revista electrónica *The Intercept,* con precisiones y contradicciones del caso. El semanario *Proceso* filtra información de la Secretaría de la Defensa Nacional según la cual uno de los 43 es soldado activo.

Familiares y normalistas desmienten que exista un infiltrado entre los suyos; consideran esa versión como un movimiento en un tablero de ajedrez: una estrategia para debilitarlos. Rafael López, padre de Julio César López Patolzin, explica que su hijo fue militar durante dos años pero se dio de baja tras sufrir un accidente en labores de rescate por el paso de los huracanes Ingrid y Manuel. Después entró a la escuela de Ayotzinapa, su sueño desde que era niño.

El dolor combina mal con el cansancio físico. Muchos padres lucen demacrados y sus padecimientos son evidentes.

Nicanora García, madre de Saúl Bruno García, tiene palpitaciones, mareos, y muchas veces no puede permanecer parada. Bernardo Campos, el padre de José Ángel Campos Cantor, es diabético y promete cuidarse, pero adelgaza cada vez más, hasta que los médicos lo obligan a tomar medicamentos y descansar. Su esposa, Romana Cantor, sufre glaucoma, una enfermedad de la que ya había sido operada pero que ahora se manifiesta otra vez, según especialistas «por las desveladas». Marbella Vargas tampoco ve bien y siente temblor en los ojos; «son los nervios», le explican oftalmólogos a la mujer, que desde hace meses se dedica por completo a cuidar de su hijo Édgar Andrés Vargas, uno de los heridos de gravedad.

¿Cómo pedirles que cuiden su salud y descansen? Están destrozados. Sus ojos proyectan una tristeza que ya he visto. Mi abuela, Ester, se dejó morir cuando yo era una niña. Me quiso mucho, me cuidó hasta donde pudo, pero un día no pudo más con la ausencia de su hija, mi madre.

Muchos familiares de desaparecidos pierden las ganas de vivir. También de tristeza falleció unos meses atrás Manuel Rivera, el padre de Roy Rivera Hidalgo, un muchacho de diecinueve años secuestrado por policías y desaparecido en el estado de Nuevo León. Es que la desaparición forzada golpea a muchos, no sólo a la persona secuestrada. Es una larga y pesada tortura.

Otra vez es 26 y ya van ocho meses. Familiares y normalistas se manifiestan en la capital del país, donde cada vez menos personas los acompañan. «Somos pocos, pero aquí están los que de verdad sienten esta lucha», dice más agradecido que triste Epifanio Álvarez, Jorge Álvarez Nava.

Al finalizar el acto, frente al Hemiciclo a Benito Juárez, queman la propaganda política que arrancaron durante cuatro marchas por la ciudad. En mitad de la calle arden plásticos y cartones con los rostros de candidatos. Cientos de personas observan a una distancia prudente cuando policías de la Secretaría de Seguridad Pública del Distrito Federal llegan en ruidosas motocicletas. Avanzan sobre el grupo y activan sus extintores.

Una gran nube de humo blanco cubre todo. Padres, familiares y estudiantes de Ayotzinapa corren por la Alameda Central. Algunos jóvenes avientan objetos a los policías y una bomba molotov cae directamente sobre el encargado del operativo, Álvaro Sánchez Valdés, apodado *Jefe Neptuno,* quien ya había dirigido la represión a otras protestas sociales, y le provoca quemaduras de segundo grado. La noticia del día siguiente es el final violento de la protesta; pocos medios aclaran detalles de las circunstancias.

Siguen otros días difíciles. En Guerrero las fuerzas de seguridad los amedrentan. Cercan el terreno de Ayotzinapa, al que sobrevuelan helicópteros. La luz se interrumpe varias veces durante la noche previa a los comicios del 7 de junio. Desde la oscuridad, estudiantes y familiares mandan mensajes de miedo y enojo que sólo circulan por redes sociales.

El día de las elecciones, desde el alba pelean para impedir que se instalen las casillas de votación en Tixtla. Lo consiguen, pero se topan con un buen grupo de habitantes que los enfrentan, primero en una carretera y luego verbalmente en la plaza de la ciudad. En el resto del país hay incidentes pero, con militares de por medio, el Estado garantiza el sufragio. Participa 46% del electorado y de ellos un 5% votan en blanco y nulo. Los números muestran descontento pero el boicot fracasa y es un nuevo revés.

El comedor de la escuela deja de funcionar un día del mes de julio. Eduardo Maganda, el nuevo Secretario General del comité estudiantil, me explica que el Estado cortó suministros como represalia por incidentes con el personal administrativo: también en esos días se negocia con la Secretaría de Educación Pública para que se abra la matrícula del año 2015 pese a la huelga que los estudiantes mantienen desde la desaparición de sus compañeros. Los dejan sin comer.

«La agresión oficial a las normales rurales no es nada nuevo», recuerda la historiadora mexicana Tanalís Padilla, profesora del Dartmouth College de Estados Unidos.

«Desde la presidencia de Manuel Ávila Camacho fueron abandonadas y sobrevivieron gracias a las movilizaciones de sus alumnos. Las autoridades muchas veces se vieron obligadas a negociar con ellos, a otorgar algunas concesiones, pero hubo también represalias: los alumnos eran expulsados, se les cerraba el comedor o se les cortaba la luz y el agua; a muchos les retiraban las becas. En 1969 el presidente Gustavo Díaz Ordaz, cuya paranoia lo hacía ver como enemigos a los jóvenes, clausuró 15 de las 29 normales rurales».

La experta en el tema afirma que el gobierno «lleva décadas atacando a las normales rurales, matando los sueños, ideales y principios de quienes allí estudian». Explica que desde el poder existe un discurso para criminalizar estas escuelas de campesinos. Las presentan «como reliquias del pasado, centros de agitación y ocio juvenil. Las demandas que hacen los alumnos para el mejoramiento estructural de las normales son vistas con agrio desprecio. ¿Con qué derecho estos chavos plebe se atreven a exigir un lugar privilegiado en el país? Es la pregunta implícita en la mayoría de los medios masivos, cuya visión hace eco de los que detentan el poder».

Después de entrevistar a muchos estudiantes, noto que la mayoría de ellos son los primeros de su familia —y muchas veces en núcleos más amplios— con acceso a la educación superior. Tanalís Padilla confirma que las normales rurales son un eslabón de cambio, y por tanto un mal negocio para el poder.

«La educación representa una entrada al mundo del conocimiento. Parte de la lógica neoliberal es ser parte de una división internacional del trabajo: los que se educan son ricos y los que trabajan son pobres». Por eso, escuelas como Ayotzinapa «son peligrosas porque son una inversión que hacen el Estado y los ciudadanos que pagan impuestos. En ese sentido contradicen al modelo neoliberal».

Pero también preocupa a algunos sectores la particularidad de «que los jóvenes no sólo se educan sino que adquieren una concientización de lo que ocurre en el país. Viven en colectivo, aprenden la historia misma de las normales rurales y cómo fueron fundadas, entienden proyectos sociales como el cardenismo, y entonces dicen: "El mundo no tiene que ser como está ahorita y nosotros tenemos derecho a la educación". Al reivindicar ese derecho, al ser conscientes de su historia, no se los puede controlar».

Las normales rurales mexicanas cargan historias de represión. Entre ellas, Ayotzinapa es las más estigmatizada y la llaman «semillero de guerrilleros».

Los alumnos de la Normal Rural Raúl Isidro Burgos denuncian que el gobierno de Guerrero los ha perseguido con más ahínco en años recientes, y cada vez que pueden nombran a sus compañeros asesinados, sus mártires: Juan Manuel Huikan Huikan (12/10/1988), Jorge Alexis Herrera Pino y Gabriel Echeverría de Jesús (12/12/2011), Daniel Solís Gallardo, Julio César Ramírez Nava y Julio César Mondragón Fontes (27/09/2014). También Freddy Fernando Vázquez y Eugenio Tamarit Huerta (07/01/2014), atropellados durante una actividad estudiantil. Todos los casos están impunes.

Omar García me dice que el acoso no proviene solamente de la esfera estatal, sino que también el Ejército los ha intimidado desde antes de los ataques en Iguala. Recuerda que en diciembre de 2013, militares entraron a las instalaciones de la escuela con tanquetas y armas largas. Después de recorrerlas lentamente, «sólo dieron una excusa: "Disculpen, nos perdimos"».

SEGUIR

·.

«NO ESTAMOS CANSADOS: ESTAMOS ENCABRONADOS», RE-
piten los padres desde hace varios meses. Los campesinos
perdieron cosechas y no volvieron a sembrar, los jornaleros
dejaron de asistir a sus trabajos y nadie entre ellos duerme
bien. Se alimentan gracias a la ayuda solidaria de otros ciudadanos pero no reciben dinero del Estado y han resistido
incontables ofrecimientos de compensaciones económicas.

«No vamos a parar, no vamos a cansarnos como quieren ellos», dice Joaquina Sánchez, madre de Martín Getsemany García Sánchez. Las canas avanzan en su cabello; no
se lo pinta desde que se llevaron a su hijo.

Los familiares han cambiado mucho a lo largo de este
año. Sus cuerpos cargan el peso del alma atormentada y la
mirada se les ha endurecido. Cuidan sus palabras y controlan que los demás usen los términos adecuados; ya no permiten que hablen de sus hijos en pasado, ni por error. Lejos
de templarse, quienes tienen carácter fuerte se exaltan, a
veces con emoción desbordada y fuera de control. Otros
permanecen casi en silencio, pero todos sin excepción se
mantienen de pie.

También sobrevivientes y estudiantes siguen adelante. Si bien algunos desertaron, quienes resisten sortean

complicaciones burocráticas y el peso de sus propios fantasmas. El dolor aún está a flor de piel y los cuartos, a medio llenar: faltan los desaparecidos y también aquellos que abandonaron la causa. Hay quienes se dedican de lleno a la lucha y la carga se hace pesada para los que se mantienen firmes en el reclamo.

Aumenta el asedio sobre las caras visibles, quienes dieron sus testimonios desde el primer momento. Algunos reciben amenazas, a otros los persiguen personas vestidas de civil, incluso fuera del estado de Guerrero. A uno de ellos lo «levantan» hombres encapuchados para advertirle «que ya le baje»: le muestran una carpeta con documentos, detalles de sus movimientos durante los últimos meses, y aseguran que conocen la dirección de su familia. Semanas después llegan hasta la puerta de su casa. A otro lo atropellan cuando va en bicicleta y la lista sigue. Para ellos, el exilio es una opción cada vez más cercana.

Los normalistas ya no combaten en la calle: se saben perdedores en el cuerpo a cuerpo contra las fuerzas de seguridad. No resignan el reclamo; buscan nuevas formas de expresión y así sacan a relucir sus grupos culturales: Banda de Guerra, Club de Danza y Rondalla Romance.

También pelean para que el Estado no cierre su escuela, como ha hecho con otras normales rurales. Logran que las autoridades abran la matrícula 2015 y permitan la graduación de la generación 2011-2015, autonombrada «Sangre, resistencia y esperanza», pues han visto caer a seis compañeros: tres asesinados en Iguala y tres en sucesos anteriores.

Ciento veintiocho nuevos maestros rurales se titulan en una ceremonia austera, discreta y doliente. Sus familiares llegan con trajes de gala pero contienen la emoción. Como padrinos los acompañan destacados intelectuales, políticos y artistas: Elena Poniatowska, Juan Villoro, Luis Hernández Navarro, Armando Bartra, Gabriel Reyes, Héctor Bonilla, Marta Lamas, Rafael Barajas *el Fisgón*, además del maestro Arturo Miranda. Ausentes por razones de fuerza mayor, también son padrinos el ex presidente de Uruguay José Mujica y el escritor Paco Ignacio Taibo II.

Les dan consejos cargados de cariño. «Seguramente algunos de ustedes, de la generación 2011-2015, no querrán ni siquiera que les entreguen su título. Más que festejar su graduación, darían su vida con tal de poder abrazar a sus compañeros, a los 48 que hoy nos faltan —les dice Elena Poniatowska—, pero justamente porque ellos nos faltan tienen que seguir de pie, al igual que doña Rosario Ibarra de Piedra, quien a partir de 1975 no dejó de buscar un solo día a su hijo, Jesús Piedra Ibarra, desaparecido a los 22 años». También les habla de Raúl Álvarez Garín, líder del movimiento estudiantil de 1968 que «luchó hasta el día de su muerte, nunca bajó los brazos ni dejó de protestar. Sentó al ex presidente de la República Mexicana, Luis Echeverría, en el banquillo de los acusados».

Su voz tiembla de emoción cuando les dice: «A ustedes, muchachos, México no les ha dado lo que se merecen, a pesar de que están dispuestos a ser maestros bilingües, a entregarse a los que nadie toma en cuenta, a salir adelante, porque quizás sean los primeros de su familia en haber llegado a la escuela. Y siguen adelante a pesar de tenerlo todo en contra. Siguen adelante cada día con la esperanza de que México deje de ser el país de las fosas, de los aullidos, de los niños en llamas, de las mujeres martirizadas».

Luis Hernández Navarro, editorialista y experto en el movimiento magisterial, menciona que escuelas como Ayotzinapa han sido estigmatizadas «porque ustedes son el último reducto de la Revolución Mexicana. En las normales rurales se resumen las dos grandes demandas de la Revolución de 1917: la reforma agraria y educación libre, gratuita, laica y obligatoria para toda la población». Les advierte sobre algunas dificultades que encontrarán en un país con educación pauperizada y criminalización del magisterio crítico, pero también los alienta: «Compañeros maestros: con sus enseñanzas y su compromiso con las comunidades de las que vienen y a las que van a enseñar, estoy convencido, van a ayudar a transformar a este país». Espaldarazo para enfrentar tiempos difíciles, porque desde hace dos años el Estado dejó de asignarles plaza directa a los normalistas rurales titulados. Saldrán de la escuela sin trabajo.

Marta Lamas, antropóloga y feminista, les pide mantener en alto las banderas que dicen «Ni olvido ni perdón». El secretario general del Comité Estudiantil, Eduardo Maganda, promete no rendirse, y los flamantes maestros pasan a la práctica: dejan a un lado sacos y camisas elegantes, para reemplazarlos por playeras blancas con los rostros de sus compañeros desaparecidos.

Esas caras que ya son conocidas en el mundo. Fotografías en blanco y negro que circulan en la prensa y en internet. Muchachos de piel morena, algunos delgados y otros más cachetones, de cejas anchas y peinado formal, con gesto serio por ser una foto de estudio. En la imagen siguen idénticos, pero el reloj avanza.

Desaparecidos, van cumpliendo un año más de vida. Marcial Pablo Baranda llegó a los 21, igual que Jonás Trujillo González; Saúl Bruno cumplió 20, como Felipe Arnulfo Rosas. El tiempo corre también para los heridos: Édgar Andrés Vargas llegó a los 21 en medio de tratamientos médicos para reconstruir su rostro y recuperar funciones digestivas. Aldo Gutiérrez Solano cumplió 20 en una cama del Instituto Nacional de Neurología, inconsciente desde la noche del 26 de septiembre de 2014.

Sus familiares y amigos reclaman juntos, organizados. «¿Sabe qué? Nosotros vamos a seguir —me confiesa Maximino Hernández, padre de Carlos Lorenzo Hernández Muñoz—. Esperamos que regresen nuestros hijos pero también hemos conocido las injusticias que hay en México. Cuando ellos regresen, vamos a seguir en la lucha». Los esperan de regreso y hacen todo lo que está a su alcance para recuperarlos, pero no pueden detener el paso del tiempo.

«Papá: regresa pronto, te extraño», escribe América al recibir crayolas de regalo. Las estrena con un dibujo para su padre, José Ángel Campos Cantor, uno de los 43. Su retrato la cuida en la cabecera de la cama y ella lo espera cada día; era una niña de ocho años cuando se lo llevaron y ahora cumple nueve. Al menos por un rato, es feliz con su pastel de crema rosa y morada. Tiene carácter alegre, aunque algunos días está triste y algo respondona.

Su hermana Gaby ya da sus primeros pasos, lo mismo que Melanny, hija de Israel Caballero Sánchez, a quien su papá sólo pudo en ver dos ocasiones. Ximena Naomi, hija de Jorge Antonio Tizapa Legideño, también pasa de bebé a niña y sigue emocionándose cada vez que oye el motor de una motocicleta, que era el medio de transporte de su papá. Crece Melisa Sayuri: ya no es una *ratita,* como le llamaba con cariño su padre, Julio César Mondragón Fontes, cuando estaba recién nacida.

Allison, hija menor de Adán Abraján de la Cruz, cumplió tres años y le hicieron su «presentación», como es tradicional. Su hermano José Ángel tuvo «confirmación» y hacía enojar a las catequistas con su risa traviesa, que por momentos se borraba. En su fiesta, a la hora del pastel, todos gritaron: «¡No estamos todos! ¡Faltan 43!»

Niños hermosos todos, crecen rodeados de familias amorosas, pero no basta. Su alegría está incompleta: la ausencia de un padre es un hueco imposible de llenar, un vacío que nubla toda felicidad y opaca los logros, sean pequeños o grandes.

La herida está abierta en sus familias. La hermanita de Carlos Lorenzo Hernández cumplió cuatro años y no deja de preguntar por él; no se han atrevido a decirle la verdad todavía. Carmen Rodríguez Telumbre se tituló de maestra y su hermano Christian no pudo disfrutar con ella. Su hermana Fabiola está embarazada y él tampoco sabe que va a nacer su primer sobrino. En el hospital, Aldo Gutiérrez Solano ignora que su hermano Ulises será papá de una beba. La familia de Édgar Andrés Vargas prácticamente ha tenido que mudarse completa para estar con él, que aún no se recupera del balazo en el rostro.

En este México del 2015 no puedo dejar de pensar en la Argentina de décadas anteriores. Junto a Madres, Abuelas, Familiares y Ex Detenidos, caminamos mucho para romper muros de impunidad. Para salir a flote superamos el dolor de la ausencia y largos años estériles. Hablamos en infinidad de foros, la mayoría pequeños, como los que hoy encabezan las familias de Ayotzinapa. Hicimos muchos *escraches* que escandalizaban a los puristas de la justicia: nuestras marchas alegres y rabiosas que con carteles, pintura roja y tambores señalaban los domicilios de los represores y alertaban a los vecinos: «Peligro, aquí vive un asesino», «Genocida a 500 metros».

Golpeamos a las puertas de incontables juzgados para derribar la «verdad histórica» que nos impusieron allá, y cuarenta años después llevamos a la cárcel a más de 500 genocidas con el respaldo de una sociedad solidaria y un gobierno decidido.

Cuatro décadas se resumen fácil, pero los tiempos de la historia son demasiado lentos cuando se viven en primera persona y ensombrecen cada instante de nuestra cotidianidad. ¿Estos niños tendrán que pasar cuarenta años, una vida, sin saber de sus padres? ¿Cuántos les falta a sus familiares para volver a sentirse felices?

Gobiernos, funcionarios y actores políticos administran sus cartas con lógicas que nada entienden del peso de las horas, los minutos y los segundos para quien espera a un desaparecido. Porque un año son 8 760 horas sin compartir el día, sin verlos despertar, sin comer juntos, sin escuchar su voces. Una eternidad para los estudiantes normalistas y también para sus hijos, quienes los necesitan hoy, a cada instante. Les urge apoyarse en ellos, sentirse queridos por ellos. Sus novias, padres, esposas, hermanos, tíos, compañeros y amigos recuperarían las ganas de vivir con sólo poder abrazarlos.

También a quienes no somos sus parientes nos urgen los 43, así como miles de hombres y mujeres que faltan en México desde hace décadas, arrancados de su familia, barrio y lugar de trabajo, que son también los nuestros.

Nos urgen porque si pueden llevarse a una persona después podrán desaparecer a quienes quieran: la máquina del horror se alimenta de impunidad. Y nuestra indiferencia, sea por miedo o por decisión, permite que el infierno se extienda. De seguir creciendo, ¿habrá regreso posible?

Laura Bonaparte, psicóloga argentina y militante de Madres de Plaza de Mayo, decía que «ninguna materia puede desaparecer. Es machacada, es usada para otras cosas, pero nada desaparece. Por eso la palabra *desaparecido* es muy canalla: te quieren hacer integrar algo que no existe y que no puede existir».

Absurda, esa palabra busca borrar a la persona y perderla

en una tiniebla confusa: ya no está, quién sabe, no existe. Perversa, le atribuye al ausente la responsabilidad por estarlo: se fue, tal vez esté en otra parte.

Pero los desaparecidos no se fueron: se los llevaron. Alguien lo hizo y sabe en dónde están. A los demás nos queda la opción de no ser indolentes ni voltear hacia otra parte, de conservar la humanidad. No podemos resignarnos a la injusticia ni seguir en la inconsciencia de quien aplaude a su verdugo. No podemos acostumbrarnos a ver cifras que crecen, a ya no saber los nombres de quienes faltan.

APUNTE

. . . .

SIEMPRE HE QUERIDO SABER POR QUÉ ME LLAMO PAULA.

Mis padres, Luis Mónaco y Ester Felipe, nunca pudieron aclarármelo. El 11 de enero de 1978, cuando tenía 25 días de nacida, fueron secuestrados y desaparecidos por militares argentinos, integrantes del III Cuerpo de Ejército al mando de Luciano Benjamín Menéndez. Soy hija de desaparecidos y este libro no pretende objetividad, pues mi propia historia condiciona la que relato.

No hay aquí entrevistas a funcionarios, victimarios ni representantes del Estado. Decidí incluir solo las voces de víctimas como un intento por aportar sus testimonios a la construcción de una historia plural que las integre en lugar de silenciarlas, como suele ocurrir en las versiones oficiales.

Un año después de los ataques, los estudiantes continúan desaparecidos y el caso sigue impune. Tampoco han sido juzgados los responsables del asesinato de Daniel Solís Gallardo, Julio César Mondragón Fontes y Julio César

Ramírez Nava, ni quienes hirieron de gravedad a Edgar Andrés Vargas y Aldo Gutiérrez Solano, aún inconsciente.

Un año después siguen faltando miles de personas desaparecidas en México desde 1969 y se suman nuevas masacres a la lista del dolor.

Pienso que Ayotzinapa es un espejo. Ojalá nos atrevamos a mirarnos en él.

P. M. F.

México, septiembre de 2015

AGRADECIMIENTOS

. . . .

PAULA

A los normalistas *Uriel, Carlos, Omar, Francisco, Ernesto, José, Luis, Erik, José Armando, Negro, Sobrino, Coyuco, Carlos F., Buki , Fresco, Mañas* y *Acapulco* por permitirme hurgar en dolorosos recuerdos.

A familiares y amigos de los desaparecidos, asesinados y heridos, por abrir su corazón y confiar en mi trabajo.

A Elena Poniatowska por darme valor para escribir este libro, insistir hasta convencerme y revisar cada palabra con obsesión amorosa. La maestra más generosa, la del corazón gigante.

A Valentina López de Cea por acompañar este proyecto, tener paciencia y dar siempre su alma a los demás.

A Miguel Tovar, compañero en incontables viajes a Guerrero y autor de la mayoría de las fotografías de este libro, que permiten vivir los instantes que él retrató.

A quienes ayudaron para que este libro exista: Eutiquia García, Liliana Córdoba, Andrea Musso, Daniel Santos, Guadalupe Pérez Rodríguez, Liliana López

Marín, Claudia Álvarez Laris, Graciela Bialet, Natalia Bruschtein, Fernando Castaños, Shula Erenberg, Nerio Barberis, Miguel Tovar, Alicia Fierro, Michelle Tovar, Liliana Felipe, Jesusa Rodríguez, Jorge Fita, Rodrigo Hernández, Elpida Nikou, Federico Felipe, Tlapa, Camilo, Carlitos, Casetas y José Solano.

A Yeana González López de Nava por confiar en mí y a Laura Lecuona por ser guía certera.

A mi familia, de sangre y del corazón.

Valentina

A mis padres, mi familia de la sangre y de la vida y a mis compañeros de h.i.j.o.s. por el aguante y el amor constante.

A mis sobrinos, Aylén, Lola, Isabella, Nina, Indi, Fidel, Nadia, Juli, Tatán, Cami, Elín, Vera y Teo, que con su ternura y alegría son el faro que me guía entre tanta oscuridad.

A Paula, que creyó en mí para este libro. Por su amor de hermana, su complicidad, su valentía incansable.

A los normalistas *Uriel, Tlapa, Negro, Camilo, Omar, Gacela, Coyuco, Maganda, Benito, Casetas, Patrón* y *Aquilino,* por lo que a su lado he aprendido y el cariño.

A las madres, padres, hermanos, hijos, sobrinos, familiares, amigos y compañeros de los 48 por su amor, su ejemplo, sus abrazos en el alma.

A Édgar por la confianza.

A los 43 y a Aldo, con la esperanza de poder conocerlos muy pronto.

DÍA POR DÍA

· . · . · . · . · . · . · . · . · . · . · . · . · . · . · . ·

CRONOLOGÍA DE LOS PRINCIPALES HECHOS OCURRIDOS ENTRE
EL 27 DE SEPTIEMBRE DE 2014 Y EL 26 DE SEPTIEMBRE DE 2015

2014

. . . .

SEPTIEMBRE

27 A las 6:00 am, 142 policías de Iguala son citados a comparecer ante investigadores estatales. Se les obliga a exhibir sus armas y las de 22 de ellos dan positivo en pruebas para identificar detonaciones recientes (*The Intercept,* Ryan Devereaux; *La Jornada,* 13/05/2015).

27 y 28 En su primer reporte sobre el caso, la prensa mexicana da reportes diversos: «Mueren 6 personas en tiroteos en Iguala» *(Excélsior),* «Desatan violencia: matan a 6 en Iguala» *(Reforma);* «Ataques dejan al menos 8 muertos en Iguala» *(El Universal);* «Iguala, Guerrero, tiene un viernes violento con ataques y muerte» (CNN México); «Policías disparan a normalistas en Iguala; 5 muertos» *(La Jornada).*

29 El alcalde de Iguala, José Luis Abarca, ofrece entrevistas a prensa. Dice no saber nada sobre la desaparición de estudiantes y asegura que en el momento de los ataques había terminado el evento de su esposa y «empezamos a

bailar al ritmo de la Luz Roja de San Marcos; su servidor y mi esposa estuvimos conviviendo». También: «Sabemos que estamos limpios y mi conciencia está tranquila [...]. Mientras en otros municipios de Guerrero y del país han pasado cosas peores, aquí pretenden responsabilizarme de algo que definitivamente no soy [...]. Estos hechos no tienen por qué detener nuestra vida cotidiana. Iguala está de pie y trabajando». Abarca viaja a la ciudad de México para reunirse con los diputados Silvano Aureoles y Sebastián de la Rosa (*Excélsior*, 29/09/2014; *La Jornada*, Arturo Cano, 30/09/2014).

30 El Centro de Derechos Humanos La Montaña Tlachinollan informa que la lista definitiva de normalistas desaparecidos es de 43 y desmiente al gobierno al asegurar que ningún estudiante ha sido localizado. El alcalde José Luis Abarca solicita licencia. A pregunta expresa de reporteros en Coacalco, Estado de México, el presidente de la República, Enrique Peña Nieto, llama al gobierno de Guerrero a «asumir su propia responsabilidad»; es su primera mención del caso (*La Jornada*, Arturo Cano, Héctor Briseño, Sergio Ocampo y Rosa Elvira Vargas, 01/10/2014).

OCTUBRE

1 El gobierno del estado de Guerrero ofrece recompensa de un millón de pesos a quien provea información que permita dar con el paradero de los normalistas desaparecidos e informa que el alcalde de Iguala, José Luis Abarca, y el secretario de Seguridad del municipio, Felipe Flores Velázquez, están prófugos.

2   Miles de personas marchan en Chilpancingo, capital de Guerrero, y bloquean por ocho horas la Autopista del Sol para exigir la aparición con vida de los 43 normalistas. En entrevista con la prensa, el secretario de Gobernación, Miguel Ángel Osorio Chong, indica que el caso está en manos del gobierno estatal y que el federal no intervendrá hasta que se acredite desaparición forzada o participación del crimen organizado (*La Jornada,* 03/10/2014).

3   La Comisión Interamericana de Derechos Humanos solicita medidas cautelares para los 43 normalistas desaparecidos en Iguala (Aristegui Noticias, 04/10/2014).

4   Autoridades del estado de Guerrero descubren fosas con restos humanos en Pueblo Viejo y Loma del Coyote, en las inmediaciones de Iguala. Hay evidencias «del involucramiento de la delincuencia organizada, en particular del cártel Guerreros Unidos» (célula del cártel Beltrán Leyva), afirma el procurador estatal, Iñaki Blanco Cabrera. Suman treinta los detenidos por el caso. El gobernador Ángel Aguirre afirma: «No descansaremos hasta castigar y encarcelar a todos aquellos que tengan alguna responsabilidad en estos hechos» (*La Jornada,* 5/10/2014).

5   Normalistas, maestros y padres de los desaparecidos protestan en la Autopista del Sol y toman la caseta de Palo Blanco. La Procuraduría General de la República (PGR) informa que en 24 o 48 horas entregará resultados de pruebas de ADN realizadas a los cadáveres hallados dos días atrás. En conferencia de prensa, Iñaki Blanco Cabrera señala que los cuerpos hallados en fo-

sas clandestinas son 28 y están calcinados. Dice que según versiones de los detenidos, 17 estudiantes fueron llevados hasta ahí, asesinados y quemados (*El Telégrafo, Desinformémonos* y *La Jornada*, 6/10/2014).

6 Gendarmería y Policía Federal toman el control de la seguridad de la ciudad de Iguala. Policías locales, municipales y de tránsito son desarmados y enviados temporalmente al estado de Tlaxcala. El presidente Enrique Peña Nieto afirma que en el caso «no cabe el más mínimo resquicio para la impunidad» (*La Jornada* y *El Telégrafo*).

7 Estados Unidos y la Organización de Estados Americanos exigen esclarecer el caso.

8 Decenas de miles de personas marchan en la ciudad de México y en 25 estados de la República. Familiares, normalistas y gremios lo hacen en Chilpancingo, donde la Coordinadora Estatal de Trabajadores de la Educación de Guerrero (CETEG) instala un plantón. Los policías comunitarios de la Unión de Pueblos y Organizaciones del Estado de Guerrero inician una búsqueda ciudadana en los alrededores de Iguala; el comandante a cargo es Miguel Ángel Jiménez (*El Telégrafo* y *Proceso*).

9 Hallan otras nueve fosas clandestinas. Los familiares reciben la noticia por la prensa: no son notificados previamente por el gobierno. Suman 34 personas detenidas por el caso. El fiscal general de Guerrero, Iñaki Blanco Cabrera, informa que no existe una investigación abierta ni orden de localización o captura en contra de María de los Ángeles Pineda Villa. Durante un

evento en Irapuato, Enrique Peña Nieto asegura que la investigación para dar con los responsables del caso continuará «tope donde tope». La dirigencia del Partido de la Revolución Democrática respalda al gobernador de Guerrero, Ángel Aguirre.

10 Maestros de la CETEG marchan en Guerrero. En la ciudad de México se realiza la primera asamblea interuniversitaria, con participación de la Universidad Nacional Autónoma de México (UNAM), la Universidad Autónoma Metropolitana (UAM) y la Universidad Autónoma de la Ciudad de México (UACM).

11 El Parlamento Europeo exige que se esclarezca el caso y condiciona el pacto comercial con México.

12 Estudiantes, padres de familia y comerciantes marchan en Guerrero.

13 Normalistas toman dos emisoras de radio en Chilpancingo y las utilizan para difundir sus reclamos por varias horas. Estudiantes, maestros y padres de familia incendian oficinas y destrozan ventanales en el Palacio de Gobierno de Guerrero. Maestros de la CETEG se enfrentan con policías frente al Congreso estatal (*La Jornada,* Sergio Ocampo y Rubicela Morales, 14/10/2014).

14 Las más importantes universidades públicas convocan a un paro de 48 horas para protestar por el caso. Se realizan marchas en seis estados. Suman 49 detenidos. El procurador Jesús Murillo Karam informa que se giró orden de aprehensión en contra de José Luis Abarca y que los 28 cuerpos hallados en las primeras fosas no

son de los normalistas: «No corresponden a los ADN que los familiares de estos jóvenes nos han hecho llegar» (CNN México y *La Jornada*).

15 Hallan otras seis fosas clandestinas en Iguala: ya van 19 encontradas desde el 26 de septiembre. Normalistas de Ayotzinapa participan en un mítin en el campus de la UNAM. En Chilpancingo protestan maestros de la CETEG e incendian el edificio de la alcaldía.

16 Miles de personas protestan en la capital y varias ciudades del país.

17 Se realiza la segunda asamblea interuniversitaria, que convoca a una Jornada de Acción Global por Ayotzinapa para el 22 de octubre. Arrestan al presunto líder del grupo Guerreros Unidos, Sidronio Casarrubias. El sacerdote y defensor de derechos humanos Alejandro Solalinde denuncia que los normalistas «estaban heridos, los quemaron vivos, les pusieron diésel. Dicen que hasta les pusieron maderas, algunos de ellos estaban vivos, otros muertos». Explica que las revelaciones provienen de dos personas que «tienen miedo de hablar» (*La Jornada*, 17/10/2015).

19 La PGR ofrece una recompensa de 64 millones de pesos a cambio de información certera sobre los normalistas desaparecidos.

20 El Ejército y la Policía Federal toman el control de la seguridad en 12 municipios del estado de Guerrero presuntamente infiltrados por el crimen organizado. El sacerdote Alejandro Solalinde acude a la PGR a entre-

gar las pruebas que le hicieron llegar, pero no lo reciben en la dependencia (*La Jornada*, 21/10/2014).

22 Primera Jornada de Acción Global por Ayotzinapa. Más de 100 000 personas marchan en la ciudad de México, en la mayor marcha estudiantil de las últimas décadas. Hay protestas en otras ciudades y cerca de treinta países. Se realiza el segundo paro estudiantil de 48 horas, con participación de universidades y escuelas públicas y privadas. Cerca de 5 500 académicos e intelectuales de todo el mundo firman una carta de reclamo sobre el caso (*Proceso*, Jenaro Villamil, 23/10/2015).

23 El gobernador de Guerrero, Ángel Aguirre, pide licencia de su cargo. En la ciudad de México, el procurador Jesús Murillo Karam recibe al sacerdote Alejandro Solalinde, quien entrega testimonios y detalles a los que ha tenido acceso. Lo acompaña la escritora Elena Poniatowska (*Proceso*, 23/10/2014).

24 Normalistas toman las instalaciones de TV UNAM y utilizan el espacio para difundir sus reclamos. Integrantes de la Federación de Estudiantes Socialistas y Campesinos de México toman dos supermercados en Chilpancingo e incautan productos que luego reparten entre la población. En la ciudad de México se realiza la tercera asamblea interuniversitaria (*La Izquierda Diario*).

25 Ante miles de seguidores de Andrés Manuel López Obrador que colman el Zócalo de la capital, la escritora Elena Poniatowska afirma: «Ya es hora de que en México hablen los pobres, ya es hora de que los ciudadanos se manifiesten por encima de los partidos». Lee

biografías breves de los 43 estudiantes, que fueron re-
dactadas por el periodista Paris Martínez. Al concluir
cada historia, la escritora de 82 años clama: «¡Regrésen-
lo!» Sufre un desmayo antes de concluir su discurso (La
Jornada y 24 horas).

26 Se cumple un mes de los ataques en Iguala; los 43 normalistas continúan desaparecidos. Rogelio Ortega asu-
me como gobernador interino de Guerrero. El padre
Alejandro Solalinde acude a Ayotzinapa, donde los familiares no le permiten ofrecer una misa. Mantienen
una reunión en privado y, al finalizar, el sacerdote ofrece disculpas públicas por haber hablado con la prensa y
el gobierno antes que con ellos (Quadratín, 26/10/2014).

29 Familiares de normalistas asesinados, desaparecidos y
heridos se reúnen con Enrique Peña Nieto en la residencia oficial de Los Pinos. El encuentro se extiende
por seis horas. El mandatario firma un documento con
diez compromisos. Al término, los balances son disí-
miles. Desde el Vaticano, el Papa Francisco se refiere al
caso: «Quisiera hoy elevar una oración y traer cerca de
nuestro corazón al pueblo mexicano, que sufre por la
desaparición de sus estudiantes y por tantos problemas
parecidos. Que nuestro corazón de hermanos esté cerca de ellos orando en este momento», declara Jorge Ber-
goglio (Aristegui Noticias, 29/10/2014).

30 Organizaciones no gubernamentales denuncian el caso
ante la Comisión Interamericana de Derechos Humanos.
El secretario de ese organismo, Emilio Álvarez Icaza, advierte que en México «sin duda hay una crisis en materia
de derechos humanos» (El País, Silvia Ayuso, 30/10/2014).

NOVIEMBRE

4 Arrestan al prófugo alcalde de Iguala, José Luis Abarca, y a su esposa, María de los Ángeles Pineda. Según un video difundido por las autoridades, la llamada *pareja imperial* fue detenida en la ciudad de México dentro de una modesta casa en la populosa delegación Iztapalapa, en medio de un gran despliegue encabezado por un grupo de elite de la Policía Federal. Circulan rumores de que en realidad fueron detenidos en otro sitio.

7 En conferencia de prensa, el procurador Murillo Karam presenta la versión oficial sobre el caso, según la cual los normalistas fueron capturados por policías, entregados al crimen organizado, asesinados y calcinados en el basurero de Cocula, localidad vecina a Iguala. Después de contestar algunas preguntas de reporteros, Murillo Karam dice «Ya me cansé» y da por concluida la conferencia. La frase causa polémica y se convierte en tendencia en la red social Twitter.

8 Miles de personas marchan pacíficamente en la ciudad de México, en rechazo a la versión oficial difundida la víspera. Al término de la protesta, un grupo incendia la puerta del Palacio Nacional (*Proceso*, 08/11/2014).

10 Desde Potosí, Bolivia, el presidente Evo Morales es el primer mandatario en pronunciarse sobre el caso, al declarar: «Destacamos nuestra solidaridad con esa institución de educación [Escuela Normal Rural de Ayotzinapa], como también con todos los familiares de los estudiantes que perdieron la vida». En México, en entrevista con el periodista Carlos Loret de Mola, el procurador Jesús Murillo Karam busca justificar su frase «Ya me cansé»: «Soy tan humano como cualquiera y también me canso. Llevo treinta días durmiendo cuatro horas y ese día [de la conferencia] tenía cuarenta horas sin dormir. Además venía yo de Chilpancingo, de que cuando los oyes [a los padres] te estremeces» (*Excélsior* y *Animal Político*, 11/11/2014).

11 Periodistas ingresan al basurero de Cocula; no hay vigilancia ni operativo para resguardar la presunta escena del crimen *(The Intercept)*.

13 Iñaki Blanco renuncia al cargo de procurador de Justicia del estado de Guerrero. El presidente de Uruguay, José Mujica, afirma que México «da una sensación, visto a la distancia, que se trata de una especie de Estado fallido, que los poderes públicos están perdidos totalmente de control, están carcomidos. Es muy doloroso lo de México». El secretario de la Defensa Nacional, Salvador Cienfuegos, asegura que los militares del 27 Batallón de Infantería, con sede en Iguala, no actuaron porque no oyeron los disparos ni vieron humo de la supuesta incineración de cuerpos. Las declaraciones fueron realizadas en reunión privada con diputados y luego reproducidas por algunos legisladores (*La Jornada*, *El Telégrafo*, CNN México, *Milenio*, 13/11/2014).

20 Un grupo de jóvenes intenta sin éxito tomar el Aeropuerto Internacional de la Ciudad de México. Se registra enfrentamiento con la policía capitalina, con saldo de 17 detenidos. Otras 16 personas son arrestadas más tarde al concluir una protesta masiva y pacífica en el Zócalo.

21 Enrique Peña Nieto asciende a general de división a Alejandro Saavedra Hernández, quien en el momento de los hechos era comandante de la 35 Zona Militar, con sede en Chilpancingo, y responsable del 27 Batallón de Infantería, con sede en Iguala. Detienen a César Nava González, subdirector de la policía de Cocula, presunto responsable de dirigir los ataques y desapariciones del 26 de septiembre en Iguala (Agencia Proceso y *Milenio*, 21/11/2014).

30 La activista argentina Estela de Carlotto, presidenta de Abuelas de Plaza de Mayo, se reúne con familiares y sobrevivientes de Ayotzinapa en la ciudad de México. Al finalizar el encuentro privado realizan una conferencia de prensa conjunta; Carlotto expresa apoyo total a la causa y señala: «Lo que está pasando en México es el dolor de todo el planeta» (*Animal Político*, 30/11/2014 y *El Telégrafo*, 02/12/2014).

DICIEMBRE

1 Enrique Peña Nieto cumple dos años en el gobierno. Cae su imagen entre la ciudadanía. El 50% de los mexicanos reprueban su trabajo y el 41% lo avalan: «el nivel de aprobación más bajo a dos años de iniciar su mandato», según una encuesta de Buendía & Laredo difundida por el periódico *El Universal*.

2 La oficina de Presidencia informa que el mandatario visitará Iguala el miércoles 3 de diciembre, a 68 días de los hechos. Horas más tarde, la misma dependen-

cia anuncia la cancelación del viaje (*Animal Político,*
02/12/2014).

4 El Presidente llama a «superar» el caso Ayotzinapa.
Durante su primera visita al estado de Guerrero después de los ataques en Iguala, al inaugurar un puente
en Coyuca de Benítez pide: «Hagamos realmente un esfuerzo colectivo para que vayamos hacia delante y po-
damos realmente superar este momento de dolor» (CNN
México, 4/12/2014).

6 Al concluir una marcha en la ciudad de México, familiares de Ayotzinapa informan que, según exámenes
realizados en Innsbruck, Austria, fueron identificados dos fragmentos óseos que pertenecen a Alexander
Mora Venancio, uno de los 43 estudiantes desaparecidos. El Equipo Argentino de Antropología Forense,
con un peritaje independiente externo, avala los resultados. En la Feria Internacional del Libro de Guadalajara, la escritora Elena Poniatowska cede su tiempo de
conferencia magistral a sobrevivientes y familiares de
Ayotzinapa, a quienes sube al escenario pese a la presión de algunos organizadores para que no lo hiciera
(*El Telégrafo,* 08/12/2014).

9 La red social Facebook informa que Ayotzinapa fue
uno de los temas más comentados durante el año, a la
par del Mundial de Futbol de Brasil 2014 (*Animal Político,* 09/12/2014).

10 En Noruega, el estudiante Adán Cortés irrumpe en la
ceremonia de entrega del Premio Nobel de la Paz para

protestar por el caso Ayotzinapa y difundirlo mundial-
mente (*Animal Político*, 11/12/2014).

11 Científicos de la UNAM y de la UAM refutan la versión
oficial de que los normalistas habrían sido calcinados.
En un informe de veinte páginas indican: «Si los cuerpos se hubieran quemado con puras llantas, para reducirlos a los restos mostrados por la PGR se hubieran
necesitado 995 llantas de autos. La hipótesis de que
fueron quemados en el basurero de Cocula no tiene
ningún sustento en hechos físicos o químicos naturales [...]. Es imposible que hayan sido quemados en
Cocula y la autoridad está en un serio problema, porque si no se quemaron en Cocula, ¿quién los quemó
y en dónde se quemaron?» (*Revolución 3.0*, Érika Paz,
11/12/2014).

13 Los periodistas Anabel Hernández y Steve Fischer publican el reportaje «Iguala, la historia no oficial» y revelan que el 26 de septiembre de 2014 las autoridades
federales y estatales de Guerrero supieron en tiempo
real todo lo que ocurría en Iguala. Documentos en poder de los periodistas prueban que la Policía Federal
tuvo participación en los hechos y el Centro de Control, Comando, Comunicaciones y Cómputo de Chilpancingo monitoreó a los normalistas desde las 17:59,
cuando se dirigían hacia Iguala a bordo de los camiones 1568 y 1531 (*Proceso*, 13/12/2014).

18 El portal Wikipedia reporta que la frase «secuestro ma-
sivo en Iguala» está entre los temas más leídos del año
2014 (Wikipedia, Bíobío-Chile, 21/12/2014).

23 Lo ocurrido en Iguala «no fue un accidente, no fue algo planeado de último instante por un alcalde y una policía municipal sin armamento: fue un asunto perfectamente orquestado», afirma la periodista Anabel Hernández, coautora del reportaje «Iguala, la historia no oficial» (*Revolución 3.0*, 23/12/2015).

24 Bajo la lluvia, normalistas, familiares y ciudadanos pasan la noche de Navidad afuera de la residencia presidencial de Los Pinos (*Terra*, 24/12/2014).

26 Al cumplirse tres meses de los hechos se realiza una marcha en la capital, del Ángel de la Independencia al Monumento a la Revolución.

31 Familiares de los desaparecidos encabezan una marcha desde el Ángel de la Independencia hacia la residencia presidencial de Los Pinos. Participan unas 300 personas pero un fuerte dispositivo con cientos de policías les impide llegar al destino planeado. En las inmediaciones realizan una vigilia de tres horas, encienden velas y queman piñatas con los rostros de Enrique Peña Nieto, Jesús Murillo Karam y María de los Ángeles Pineda (*El Telégrafo*, 05/01/2015).

2015

ENERO

12 Sobrevivientes y familiares de desaparecidos realizan una protesta en la puerta del 27 Batallón de Infantería, en Iguala. Ingresan por la fuerza y la manifestación termina en un enfrentamiento con saldo de varios heridos, entre ellos el estudiante *Omar García*, quien recibe un golpe en un ojo y pierde 40% de la visión (*La Jornada* y CNN México, 13/01/2015).

16 La Comisión Interamericana de Derechos Humanos (CIDH) designa a un grupo de expertos para investigar y proveer asistencia técnica en el caso. Lo conforman el médico Carlos Beristáin y los abogados Francisco Cox, Claudia Paz y Paz, Ángela Buitrago y Alejandro Valencia Villa (*Milenio,* Carolina Riviera, 17/01/2015).

26 Se realizan marchas al cumplirse cuatro meses de los hechos.

27 En conferencia de prensa y valiéndose de un video musicalizado y dramatizado, la PGR presenta su versión de los hechos de Iguala, según la cual los normalistas fueron asesinados y calcinados. «Esa es la verdad histórica», afirma el procurador Jesús Murillo Karam. Asegura también que «no hay una sola evidencia de que haya intervenido el Ejército» durante los hechos de Iguala (*Proceso* y *El Telégrafo*, 27/01/2015)

28 El Presidente Enrique Peña Nieto pide a los mexicanos no quedar «atrapados» en el caso Ayotzinapa. Afirma que debe existir castigo a los responsables «pero tenemos que asumir el derrotero de seguir caminando para asegurar que México tenga un mejor porvenir». Lo respalda el rector de la UNAM, José Narro Robles, quien llama a no «quedar atrapados en este triste instante de nuestra historia» (*El Universal*, Francisco Reséndiz, 28/01/2015).

FEBRERO

3 El Comité sobre Desaparición Forzada de Naciones Unidas revisa por primera vez las acciones de México en la materia. La evaluación dura alrededor de siete horas. Los relatores Luciano Hazan y Rainer Huhle cuestionan varias veces a los representantes del gobierno mexicano sobre el número total de personas desaparecidas pero nunca consiguen respuesta precisa, por lo cual la delegación sale *regañada*. Hilda Legideño y Bernabé Abraján, padres de desaparecidos de Ayotzinapa, atestiguan la comparecencia de México y reclaman la aparición con vida de sus hijos (*El Telégrafo*, 04/02/2015).

9 «No hay evidencia científica de que los normalistas hayan sido calcinados», afirma el Equipo Argentino de Antropología Forense en un informe en el que enumera irregularidades y errores cometidos por funcionarios y peritos del gobierno mexicano. Ratifican que los restos óseos identificados pertenecen a Alexander Mora Venancio pero no les consta que hayan sido tomados en el río San Juan de Cocula, como informó el gobierno (www.eaaf.org, 07/02/2015).

20 El periódico La Jornada publica detalles sobre lo ocurrido la madrugada del 27 de septiembre de 2014 dentro de la Clínica Cristina, en Iguala. Un docente que acompañaba a los normalistas confirma que el Ejército los sometió a torturas psicológicas e impidió la atención médica a Édgar Andrés Vargas, quien presentaba herida de bala en el rostro (*La Jornada*, Arturo Cano, 20/02/2015).

25 El periódico *Milenio* filtra partes, bitácoras y mensajes urgentes del Ejército. Se comprueba que las Fuerzas Armadas tuvieron información detallada e inmediata durante los hechos del 26 y 27 de septiembre en Iguala. El coronel José Rodríguez Pérez, comandante del 27 Batallón de Infantería, firma los documentos.

26 Al cumplirse cinco meses de los hechos, familiares de desaparecidos y normalistas marchan en la capital del país, desde el Ángel de la Independencia hacia Los Pinos. Es detenido Luis Francisco Martínez Díaz, policía municipal de Iguala, a quien la secretaría de Gobernación señala como único responsable del asesinato de Julio César Mondragón Fontes (*La Razón*, 27/02/2015).

27 El gobierno anuncia que Jesús Murillo Karam deja de ser procurador general de la República y es reemplazado por la entonces senadora Arely Gómez González, hermana del vicepresidente de Noticieros Televisa. Prensa y expertos consideran que el paso de Murillo Karam a un cargo secundario en la Secretaría de Desarrollo Agrario, Territorial y Urbano se vincula con su manejo del caso Ayotzinapa.

MARZO

3 Las fotografías de la madrugada del 27 de septiembre de 2014 filtradas por el Ejército no reflejan lo ocurrido dentro de la Clínica Cristina, denuncia el normalista sobreviviente *Omar García*. «Hacen parecer que son los buenos, que nos asistieron y que les dimos las gracias», cuando en realidad «llegaron, nos agredieron verbalmente, cortaron cartucho y nos acusaron de allanamiento de morada. Nos sometían con armas en la espalda y apuntándonos». Asegura que el Ejército tiene más imágenes porque retrató a todos los estudiantes, incluso a Édgar Andrés Vargas, herido de bala en el rostro (*El Telégrafo*, 06/03/2015).

5 Familiares de Julio César Mondragón Fontes reclaman que a casi seis meses de los hechos, la Procuraduría General de la República no ha atraído el caso, que sigue en manos de la justicia del estado de Guerrero. Exigen que se cambie la carátula de «homicidio calificado y delincuencia organizada» a «ejecución extrajudicial y torturas» (*La Jornada*, Blanche Petrich, 05/03/2015).

13 El máximo jerarca de la Iglesia Católica, el Papa Francisco, afirma que culpar al gobierno mexicano por el caso Ayotzinapa es la solución «más superficial» e «infantil», ya que «todos tenemos de alguna manera la culpa» (*Sin Embargo Mx,* 13/03/2015).

19 El Grupo Interdisciplinario de Expertos Independientes (GIEI) de la CIDH presenta su primer informe tras visitar México entre el 1 y el 19 de marzo. Solicita que el caso sea tratado como «desaparición forzada» y tener acceso a una copia digital del expediente que se encuentra en la PGR, además de atención médica para los familiares y una segunda evaluación neurológica urgente para el normalista Aldo Gutiérrez (Centro de Derechos Humanos Miguel Agustín Pro Juárez, 19/03/2015). Luis Francisco Martínez Díaz es declarado no responsable del asesinato de Julio César Mondragón. Permanece privado de su libertad porque se lo acusa de otros delitos, entre ellos delincuencia organizada.

26 Al cumplirse 6 meses de los hechos se realiza una marcha en al capital.

28 Un grupo de más de 50 periodistas y fotógrafos lanzan el libro-blog *Periodistas con Ayotzinapa.* La coordinación está a cargo de Marcela Turati.

ABRIL

17 Familiares y sobrevivientes inician recorridos por el mundo para denunciar los hechos y exigir justicia. A Estados Unidos y Canadá asisten Hilda Legideño (madre de desaparecido), Vidulfo Rosales (abogado) y Jorge Clemente (normalista). A Europa van Omar García (sobreviviente), Eleucadio Ortega (padre de desaparecido) y Román Hernández (Centro de Derechos Humanos de La Montaña Tlachinollan).

20 El GIEI de la CIDH, presenta su segundo informe, en el cual insta al Estado mexicano a continuar la búsqueda de los 43 normalistas (*La Prensa,* 21/04/2015).

24 El Sexto Tribunal Unitario de Circuito, con sede en Toluca, revoca el auto de formal prisión en contra de María de los Ángeles Pineda por cargos de «delincuencia organizada» y ordena reposición del procedimiento. Continúa bajo arraigo (*El Financiero,* 27/04/2015).

26 A 7 meses de los hechos, miles de personas marchan en Chilpancingo para exigir por el caso y la protesta concluye con incidentes. En la ciudad de México se realiza un acto cultural al que asisten cerca de 200 personas. Al término, normalistas, familiares y ciudadanos instalan un «antimonumento» en la esquina de Bucareli y Paseo de la Reforma, avenida más importante de la capital. Consiste en una estructura de hierro de cuatro metros de alto, pintada en color rojo, que dice «+43» y debajo la frase «Vivos los llevaron, vivos los queremos». Los creadores de la obra explican que es «una protesta permanente de reclamo de justicia al Estado en un espacio público». Por la tarde se realiza una marcha (*La Jornada,* Emir Olivares, 27/04/2015).

30 Dictan nuevo auto de formal prisión a María de los Ángeles Pineda; se restablecen cargos de «delincuencia organizada». El Instituto Federal de Acceso a la Información Pública y Protección de Datos ordena a la Sedena dar acceso a por lo menos dos partes informativos elaborados por militares del 27 Batallón de Infantería que tienen relación con el caso. Resuelve así el pedido de revisión RDA 1165/15 interpuesto por un particular después que la Sedena le negó la vista de todas las bitácoras firmadas por mandos de la 35 Zona Militar y 27 Batallón de Infantería, con sede en Iguala, Guerrero, entre el 22 y el 29 de septiembre de 2014 alegando que no existían (*Proceso* y *El Financiero*, 30/04/2015).

MAYO

11 El GIEI de la CIDH presenta su tercer informe sobre el caso. Denuncia «fragmentación» de las investigaciones e indica que «un grupo relativamente numeroso» de detenidos reportó haber sufrido «malos tratos y torturas» (Aristegui Noticias y *El Economista*, 11/05/2015).

13 El periódico *La Jornada* publica la traducción al castellano de la investigación realizada por Ryan Devereaux para la revista electrónica *The Intercept* con detalles sobre el caso Ayotzinapa (*La Jornada*, 13/05/2015).

26 Unas mil personas participan en cuatro manifestaciones en la capital al cumplirse 8 meses de los hechos. Las protestas concluyen en el Hemiciclo a Juárez, donde sobrevivientes y familiares queman propaganda electoral en rechazo a las elecciones del 7 de junio. La policía del Distrito Federal reprime a los presentes con extintores (*Desinformémonos* y *La Izquierda Diario*, 26/05/2015).

JUNIO

6   Estudiantes denuncian hostigamiento por parte de las fuerzas de seguridad, que instalan retenes en los alrededores de la Escuela Normal Rural Raúl Isidro Burgos y sobrevuelan la zona en helicóptero. Durante la noche se registran varios cortes de electricidad que dejan a oscuras a estudiantes y familiares de Aytozinapa, así como a la ciudad de Tixtla.

7   Se realizan votaciones para elegir a 9 gobernadores, 500 diputados nacionales, 871 alcaldes y 16 congresos estatales. Sufraga 46% del electorado y un 5% vota nulo o en blanco. El ambiente es tenso; el gobierno militariza los estados de Guerrero, Oaxaca y Chiapas; se registran incidentes en cuatro entidades y hay al menos 113 detenidos. En Tixtla, Guerrero, ciudadanos, normalistas y familiares de desaparecidos queman urnas e impiden la colocación de la mayoría de las casillas. Durante protestas en Tlapa, el maestro Antonio Vivar Díaz es asesinado por fuerzas de seguridad (*El Telégrafo*, 07/06/2015, Comité Cerezo y *La Jornada*, 08/06/2015).

15 El reporte del secretariado ejecutivo del Sistema Nacional de Seguridad Pública indica que entre el 1 de enero y el 30 de abril de 2015 se han registrado 1 329 desapariciones, que se suman a las más de 24 000 denunciadas desde 2007 (*Sin Embargo Mx*, 15/06/2015).

17 En respuesta a una solicitud de la revista *Proceso*, la Secretaría de la Defensa Nacional informa que uno de los 43 normalistas desaparecidos está dado de alta como soldado activo, pero no revela su identidad; ar-

gumenta que es «confidencial» (*Proceso*, Ezequiel Flores, 17/06/2015).

19 Familiares y normalistas desmienten que uno de los desaparecidos sea soldado activo y rechazan versión de que existe un infiltrado entre sus filas (*La Jornada*, Sergio Ocampo, 19/06/2015).

22 Rafael López, padre del desaparecido Julio César López Patolzin, desmiente la que su hijo sea infiltrado en Ayotzinapa, versión que circula a partir de la información difundida por Sedena y la revista *Proceso*. Detalla que Julio César estuvo dos años activo en el Batallón 35 pero desertó después de sufrir una lesión durante labores de rescate por el paso de los huracanes Ingrid y Manuel en 2013. El escritor Tryno Maldonado publica detalles en su texto «Una reivindicación de López Patolzin» (*Proceso* y *Emeequis*, 22/06/2015 y 24/06/2015).

26 Al cumplirse 9 meses de los hechos se realiza una marcha en la capital y en la explanada del Palacio de Bellas Artes se lleva a cabo una jornada cultural denominada «43 horas por los 43». La averiguación previa 212/2014 de la Fiscalía General del estado de Guerrero concluye que «fauna nociva» devoró el rostro del normalista Julio César Mondragón, torturado, desollado y asesinado en Iguala el 27 de septiembre de 2014. El documento, firmado por el médico forense Carlos Alatorre Robles, adscrito a la Secretaría de Salud de Guerrero, afirma que el rostro de la víctima fue «comido *post mortem* por fauna del lugar donde se encontraba». Familiares del normalista rechazan la versión (*Revolución 3.0* y *La Jornada*, Blanche Petrich, 26/06/2015).

JULIO

24 La Comisión Nacional de Derechos Humanos difunde un informe en el que enumera ocho errores clave de la PGR que no han permitido obtener indicios certeros en la búsqueda de los normalistas. Sugiere un rastreo «georreferenciado» de tres teléfonos celulares de normalistas desaparecidos que emitieron mensajes de texto después del momento del secuestro y de un cuarto aparato que realizó una llamada telefónica, también después de los ataques (*Animal Político*, Paris Martínez, 24/07/2015).

26 Al cumplirse 10 meses de los hechos se realiza en la capital una marcha desde el Ángel hasta el Hemiciclo a Juárez. Participan cerca de tres mil personas. «No estamos cansados, estamos encabronados», dicen los padres de los normalistas.

AGOSTO

9 Es asesinado Miguel Ángel Jiménez, comandante de la policía comunitaria de la Unión de Pueblos y Organizaciones del Estado de Guerrero, encargado de la búsqueda ciudadana que se realizó en Iguala y descubrió varias fosas clandestinas (*La Jornada*, 9/08/2015).

17 En conferencia de prensa, a modo de informe parcial, el GIEI de la CIDH revela que las autoridades han extraviado y destruido pruebas del caso Ayotzinapa. Indica además que el Estado mexicano le negó el acceso a militares y no le permitió entrevistarlos en el marco de las indagaciones (*El Telégrafo* y *Sin Embargo Mx*, 17 y 18/08/2015).

26 Al cumplirse 11 meses, familiares y estudiantes recorren embajadas y sedes diplomáticas en la ciudad de México para pedir a la comunidad internacional una postura activa frente al caso. Después, acompañados por unas mil personas, marchan desde el Ángel de la Independencia hasta el Zócalo, donde exigen al gobierno «que ya diga toda la verdad, ¡basta de mentiras!» (*El Telégrafo*, 27/08/2015).

SEPTIEMBRE

2 La Secretaría de Gobernación anuncia que enviará 53 muestras a Innsbruck, Austria, para que sean sometidas a pruebas genéticas. Se trata de prendas de vestir y objetos que fueron localizados en Iguala horas después de los hechos, pero estaban archivados en dependencias oficiales según reveló el GIEI (Milenio TV, 02/09/2015).

6 El GIEI entrega su informe final, que refuta la versión oficial sobre lo ocurrido en Iguala. Después de seis meses de trabajo, los expertos concluyen que los estudiantes no portaban armas; quienes los atacaron nunca los confundieron con narcotraficantes; diversas corporaciones, el Ejército entre ellas, participaron en los hechos; las autoridades de seguridad del país supieron en tiempo real lo que ocurría en el estado de Guerrero, y es imposible que hayan sido calcinados en el basurero de la ciudad vecina de Cocula. Plantean interrogantes sobre una escena del crimen que nunca fue procesada (Periférico Sur a la altura del Palacio de Justicia) y la posibilidad de que alguno de los camiones tomados por estudiantes hubiera sido previamente adaptado por el narcotráfico para transportar drogas, en particular el llamado «quinto camión» (Estrella Roja). Recomiendan al Estado «un replanteamiento general de la investigación».

11 El Grupo de Trabajo sobre Desaparición Forzada de Naciones Unidas afirma que detecta «un contexto de desapariciones generalizadas en gran parte del territorio» mexicano. Denuncia la ausencia de un diagnóstico nacional y sostiene que «esta falta de reconocimiento cabal de la dimensión del problema se evidenció de manera cruda con la desaparición de 43 estudiantes en Iguala, Guerrero». En el documento, la ONU también reconoce que el Estado ha cumplido con algunas recomendaciones de los últimos años pero advierte que las políticas implantadas no han sido efectivas (Human Rights Council).

16 La procuradora general de la República, Arely Gómez, informa resultados de exámenes genéticos: «Existen indicios que establecen la posible correspondencia entre [el estudiante desaparecido] Jhosivani Guerrero de la Cruz y las muestras» analizadas en laboratorios de la Universidad de Inssbruck, Austria. Los restos, agrega, «proporcionan evidencia moderada de perfil de la víctima [...], coincidente con la madre» de Guerrero de la Cruz. Pese a la cautela en los términos, la prensa nacional e internacional reporta que es un hecho la identificación de restos (*El Telégrafo*, 17/09/2015).

17 El gobierno mexicano anuncia la captura de Gildardo López Astudillo, alias *El Gil* y *Cabo Gil,* presunto integrante del cártel Guerreros Unidos, a quien se acusa de ordenar el presunto asesinato e incineración de los normalistas en Cocula. La información circula desde algunas horas atrás, simultáneamente con los datos sobre el adn. El Equipo Argentino de Antropología Forense, peritaje independiente con aval del Estado mexicano, afirma que el indicio genético anunciado por la PGR es «débil y no definitivo», y por tanto la pertenencia del resto óseo a Jhosivani Guerrero de la Cruz «solo puede ser considerado una posibilidad» y no debe darse por hecho. Los expertos reiteran que no les consta que los restos hayan sido extraídos del río Cocula, como asegura el gobierno mexicano, y cuestionan el accionar de la procuradora por anunciarlo a la prensa sin antes informar a los familiares de las víctimas (*La Jornada* y *El Telégrafo,* 18 y 19/09/2015).

20 Un grupo de cerca de 100 académicos mexicanos y extranjeros residentes en el país respalda el trabajo del GIEI y se pronuncia por su continuidad (Centro de Derechos Humanos Miguel Agustín Pro Juárez, 20/09/2015).

26 Se cumple un año de los ataques. Los normalistas siguen desaparecidos y ninguna persona ha sido enjuiciada o sentenciada por el caso.

ÍNDICE

Ayotzinapa, horas eternas

de PAULA MÓNACO FELIPE
se terminó de imprimir y encuadernar en diciembre de 2015
en Programas Educativos, S. A. de C.V.,
calzada Chabacano 65 A Asturias DF-06850 MÉXICO

Para la composición de títulos fue utilizada la fuente Ayotzinapa,
diseñada por Raúl Plancarte y Cristóbal Henestrosa,
creada como una respuesta ante los hechos
acontecidos en septiembre de 2014

—

Yeana GONZÁLEZ, coordinación editorial;
Laura LECUONA, edición y cuidado de la edición;
Antonio C. LANDEROS, maquetación